CLARIVIDENCIAS EXPRESIONISTAS DE LUIS MÉNDEZ

Compilación y prólogo: *Juan Ramos Cardozo*

Para realizar pedidos de este libro, contacte con:
Palibrio
1663 Liberty Drive, Suite 200
Bloomington, IN 47403
Gratis desde EE. UU. al 877.407.5847
Gratis desde México al 01.800.288.2243
Gratis desde España al 900.866.949
Desde otro país al +1.812.671.9757
Fax: 01.812.355.1576
ventas@palibrio.com
764098

Índice

A manera de prólogo

En algún pasado no muy lejano de mis visitas a la casa del maestro Luis Méndez, impulsado por nuestra espiritual amistad y mi admiración por su obra pictórica, decidí iniciar un proyecto de compilar su pensamiento poético y filosófico para posteriormente publicarlo. Leí los diferentes apuntes que hizo Luis en libros y libretas que, en su mayoría, han sido usadas por sus sobrinos y sobrinas en sus actividades escolares. Estas libretas son recicladas con su novedoso, poético, profundo y vanguardista pensamiento.

Los escritos que se presentan en este libro son extractos de esa librería que se pasea entre la brisa y la lluvia del taller de pintura y el solar de la humilde vivienda donde mi amigo escribe y vuelca su alma entre el óleo y la tinta de su bolígrafo negro.

Sobre las clarividencias, me dice Luis Méndez que son "la claridad de las cosas; ellas provienen o tienen relación con el libre albedrío de cada persona" y "el expresionismo da a entender lo que quieren decir o significan. El expresionismo viene del alma. Y el alma lo es todo". Así reflexionaba aquella tarde Luis sobre el título de lo que es esta compilación de su pensamiento filosófico y poético. Ese encuentro serviría a manera de prólogo para este libro.

En el desarrollo de su pensamiento filosófico, Luis da suma importancia a los sistemas. Cuando le pregunto qué son los sistemas para Luis Méndez, él me responde: "Los sistemas son la base de representaciones".

Desde hace algunos años, el pensamiento filosófico mundial está inclinado hacia lo sistémico y complejo. Estos aportes de la obra de Luis Méndez apuntan hacia una contribución de primera línea en esos avances tan necesarios de ser comprendidos por la humanidad para su evolución.

En medio de la conversación Luis aclara que "cada quien tiene una opinión y una verdad acerca de la vida". Lee uno de sus aforismos finales en el manuscrito de lo que será su libro: "Piensa en el buen destino y en la buena suerte". El maestro precisa: "Este tipo de pensamiento puede ayudar a la humanidad porque son cuestiones expresivas".

El pensamiento, para Luis, es primero que la realidad. En esto, ambos coincidimos plenamente.

Cuando le pregunto qué lo lleva a escribir, él responde con precisión: "Es para hacerme responsable de la familia, de la casa, por ser el mayor. Escribir es parte de la cultura, de la religión. Quien capte o perciba el mensaje de Dios se salva".

—¿En tus escritos hay un mensaje de Dios?

—"Yo creo que sí; porque todos los mensajes escritos tienen que ver con la legalidad. La legalidad es más o menos el sistema. La legalidad representa el sentido racional, el sentido de respeto y consideración".

Le pregunto su opinión sobre la vida y la muerte. Luis se inclina hacia atrás en su silla, y afirma: "Yo puedo opinar de la vida a pesar de que en varios momentos críticos he estado cerca de la muerte. A pesar de que la vida es la vida. La vida es un misterio. Un misterio legal o ilegal. El que camina por lo legal tiene esperanza. Lo legal es conformarte con la ley de la justicia. La justicia proviene de lo divino".

—¿Cuándo escribes sientes que Dios se manifiesta a través de ti?

— No me he puesto a pensar en esa cuestión. Hay algo que me guía, que es tan poderoso que no lo siento.

—¿Enamorarse es legal o ilegal?

—Es legal porque Dios así lo predestinó. Es una cuestión que tiene que hacerse.

Este libro es un intento de dejar documentado parte de esas clarividencias que escribe Luis diariamente, para someterlo al escrutinio de los más destacados filósofos y poetas de este siglo y los venideros.

La serenidad con que Luis aborda cada una de sus reflexiones, tanto en los escritos que se compilaron como en aquellos que se esconden detrás del lienzo, refleja la profundidad con la cual han sanado las cicatrices de su alma a través de la pintura y la poesía.

Luis es ejemplo de un ser cuya sabiduría está representada por un crecimiento espiritual, logrado a través de una profunda aceptación y reconciliación consigo mismo y con la vida. Un elevado nivel de consciencia que solo puede alcanzarse a través de esas ventanas que Buda vino a mostrarnos.

En la mirada extraviada de Luis hay una inocencia regalada por la vida a quien ha alcanzado el sentido de trascendencia, después de rasgar muchos cantos a la luz y a los respiros de su alma y otras almas.

En esa exactitud sin tiempo y espacio se abren sus clarividencias expresionistas para que el lector, después de saborear su preciso lenguaje, inicie un viaje hacia esa conciencia del todo y de la nada de la que formamos parte.

Este texto es una de esas ventanas que contribuirán a elevar el nivel de conciencia del planeta y de todos los que lo habitamos. Un camino hacia una humanidad más apegada a los principios del ser que emanan del amor, la paz y la justicia.

Este trabajo de compilación estuvo bajo mi coordinación, y agradezco la colaboración de la periodista Diana López, por el esmero que tuvo en hurgar entre los escritos de las libretas y libros de Luis para extraer este compendio.

Al poeta, filósofo y biólogo Oscar Fernández, por su apoyo en ordenar este trabajo bajo cierto índice que pareciera tener alguna lógica.

A Janeth Salazar, presidenta de la Academia de la Lengua Capítulo Anzoátegui, por las revisiones que hizo del texto.

A la memoria del crítico de arte Peran Erminy quien me animó a llevar adelante este proyecto para que se conociera esta parte de la espiritualidad de la obra de Luis Méndez, como complemento de los escritos que ya en sus pinturas incluía.

A su hermana Iris quien me permitió el acceso a los escritos originales de estos textos, los cuales devolví y vi lamentablemente casi desaparecer bajo las bendiciones de la lluvia, abandonados en el taller de pintura de Luis.

Y al mismo Luis Méndez, mi hermano del alma a quien amo profundamente.

Juan Ramos Cardozo

Lechería, agosto de 2018

EXISTENCIAS REFLEXIVAS DEL AMOR

Sistema

1. El sistema de los que se conforman peligra, y el de los que no se conforman peligra más.

2. Sistema de los que desean morir o de hacerse morir, y de los que tienen actos de vivir o de hacerse vivir.

3. Sistema de los moralistas y existenciales que tienen mejor suerte que los demás, o mejor existencia que los que no tienen suerte ni mejor existencia que otros.

4. Sistema de los falsos valores impropios, traidores o que la deben, y de los falsos valores que no son impropios, ni traidores ni la deben.

5. Sistema de justos que tienen y de los que no tienen sentimientos sin razón al respecto.

6. Sistema de enamorados que deben y han ofendido, y de no enamorados que no deben ni han ofendido.

7. Sistema de los que conocen con quién realmente se acostarán en una misma cama, al menos que tengan esperanzas de ser dichosos.

8. Sistema de los que están dispuestos a amar y a ser amados, y de los que parecen no estar dispuestos a ser amados ni menos a amar.

9. El sistema de los falsos e hipócritas que son prejuiciosos, y de los hipócritas y falsos que no lo son.

10. Sistema de educación de irrespetuosas y traidoras, y de educación para respetuosas y traicionadas.

11. Sistema de guerreros violentos que respetan y de guerreros violentos que no respetan.

12. Sistema de los que tienen desesperanzas optimistas y de los que no tienen desesperanzas optimistas.

13. Sistema de los que saben entenderse en las malas y en las buenas.

14. Sistema de malacostumbrado o defensor, malacostumbrado triunfador y bienacostumbrado no triunfador.

15. Sistema de ignorantes y de no ignorantes que son desnaturalizados, anarquistas o novatos, y de no ignorantes o de ignorantes que no son desnaturalizados ni novatos.

16. Sistema de la paz, la tranquilidad, la libertad; y de la paz, y de la tranquilidad que no justifica, no salva, no liberta ni despreocupa.

17. Sistema de los que practican el optimismo o comprensión, y de los que practican o predican lo contrario, lo adversario o lo incomprensivo.

18. Sistema de niños y niñas, de jóvenes mujeres y hombres adultos que sustenten o sean partícipes de acuerdos que den garantía de solución o triunfo.

19. Sistema de niños y niñas, de jóvenes mujeres y hombres adultos que no sustentan o que no organizan ni son partícipes de acuerdos que garanticen solución.

20. Sistema que nos dé carácter de justicia y más que todo de solución, y sistema que no nos dé carácter ni de justicia ni de solución.

21. Sistema de amor y de cariño que es encontrado en la calle, y de amor que se encuentra en los libertados.

22. Sistema de los que mueren misteriosamente y de los que viven misteriosamente.

23. Sistema de los que tienen familias artificiales o ilegales y de lo que tienen familias sistemáticas y legales.

24. Sistema de paz y tranquilidad que justifica, salva y liberta es que de verdad es legal; ya que el sistema de paz y tranquilidad que no justifica, no salva ni liberta es ilegal.

25. Sistema de los que prefieren ir en dirección al sol y de los que prefieren ir en dirección hacia la luna.

26. Sistema de guerreros y pacíficos que son fáciles y de guerreros pacíficos difíciles.

27. Sistema de los guerreros que son cobardes y de los que no lo son, con razón o sin ella.

28. Sistema que los tiene ilegalizados a ellos, y el sistema que no los tiene traicionados, incomprendidos ni legalizados.

29. Sistema de quienes realizan por lo legal sus actos o asuntos, y de quienes no lo cumplen ni realizan sus asuntos por lo legal.

30. Sistema de los que recuerdan los tiempos en que eran menores de edad, y de quienes no se acuerdan de sus acciones cuando eran jóvenes.

31. Sistema de los que practican el surrealismo, y de los que predican el realismo o lo no convencional.

32. Sistema de los que cumplen con la justicia, garantía, y de los que no ayudan a los justos ni son dignos de confianza.

33. Sistema de mediocres, cobardes e irrespetuosos, y de los que no son mediocres, respetan y no tienen cobardía.

34. Sistema de responsables contradictorios que controlan, de responsables no contradictores, de irresponsables que se contradicen, y de irresponsables que no se contradicen.

35. Sistema donde se notan o presentan las malas intenciones o equivocaciones, y donde se notan o se perciben las buenas intenciones.

36. Sistema de los que son corruptos, y de los que no son corruptos, sino que actúan con sinceridad.

37. Sistema de derrotados y desleales, ya que los que son leales no se rinden y no los derrotan.

38. Sistema de los que teniendo agua y comida la niegan. Sistema de los que no niegan el agua ni la comida cuando tienen.

39. Sistema de burlones infiltrados y de saboteadores no infiltrados.

40. Sistema de adultos que mantienen relaciones o actos de aprecio y cariño.

41. Sistema de los que viven y subsisten por inflexión o ilegalidad e incomprensión.

42. Sistema de tímidos y de los que no son tímidos, cobardes, ni pacíficos.

43. Sistema de vivos rebeldes y peligrosos sin causa e inconscientes ilegales. Sistema de los que no son rebeldes, conscientes y que no son peligrosos.

44. Sistema de los que resumidamente son obtusos, y de los que son inteligentes, civilizados y reflexivos.

45. Sistema de los que tienen gloria o laureles de traicionados o de incomprensivos y de los que tienen laureles de no traicionados y no son incomprendidos.

46. El sistema de los que necesitan doctores, y de los que no les hace falta atenciones médicas.

47. Sistema de la última cena bendita.

48. Sistema de los condicionales e incondicionales que se merecen triunfar, y de los condicionales e incondicionales que no merecen el triunfo.

49. Sistema de las relaciones peligrosas, y de los roces no peligrosos ni desconocidos.

50. Sistema de los que viven y subsisten bien acompañados, y de los que viven mal acompañados.

51. Sistema de los que son impostores de la justicia de Dios, y de los que respetan y no son usurpadores de tal justicia, del respeto ni de la compasión.

52. Sistema de los que viven exponiéndose con respeto, comprensión, y de los que no viven con respeto ni menos con comprensión.

53. Sistema de los que tienen libre albedrío que son ilegales, y de los que no tienen libertad, son legales y no peligran.

54. Sistema de los que sienten compasión y respeto.

55. Sistema de indignos y no indignos que merecen que se les ayude, y de indignos e indignos que no merecen auxilio alguno.

56. Sistema de los que saben explotar y delinquir. Sistema de los que no saben explotar ni delinquir o pecar.

57. Sistema de los que se convierten en violentos y ofensivos por amor o cariño, y de los que se convierten en pacíficos beneficiosos, defensores por amor y aprecio.

58. Sistema de los que prefieren lo ilegal bonito o ilegal feo, y de los que no prefieren lo ilegal bonito o lo ilegal feo.

59. Sistema de lo legal y recíproco, de la tolerancia, lo comprensivo, lo posible e imposible, de lo creíble y lo increíble.

60. Sistema de los sospechosos que son ilegales e injustos, y de los que no son zombis ni sospechosos que son legales, respetuosos y justos.

61. Sistema de los que añoran la justicia, y de los que ni sienten añoranza por lo justo.

62. Sistema de los que predican la fe y la creencia reflexiva, comprensiva y respetuosa.

63. Sistema de los que predican lo contrario, irreflexión, incomprensión y el irrespeto.

64. Sistema de los cobardes escrupulosos, de los que no tienen temor, sino valentía y los sin escrúpulos con temor.

65. Sistema de los que parecen temer y respetar, y de los que no temen ni respetan o hacen que así parezca.

66. Sistema que es de comprensión, compasión y respeto. Sistema de incomprensión, falta de respeto y poca compasión.

67. Sistema de los ofensivos y de los defensores.

68. Sistema de los que no se desalientan ni desalientan a otros, y de los que no tienen palabras de alientos para otros ni para ellos mismos.

69. Sistema de los que preconizan la generosidad con lo ajeno, y de quienes practican la generosidad con lo que sí les pertenece.

70. Sistema de los que pertenecen a lo legítimo.

71. Sistema de comprensión sospechosa, y de la compresión no sospechosa.

72. Sistema del que es perfecto, legal y justo, y del que no está satisfecho, no es perfecto y menos justo.

73. Sistema de los que temen a lo ilegal e ilegítimo, y de los que no le tienen miedo a lo ilegal ni a lo ilegítimo.

74. Sistema de los que necesitan estudiar para ser legales justos, y de los que no necesitan estudiar para hacer el bien.

75. Sistema de los conocimientos ridículos, y de los conocimientos que no son ridículos ni incrédulos.

76. Sistema de acuerdos o armonías que son buenos y benditos. Sistema de los acuerdos que no están bendecidos.

77. Sistema de los obstinados que son incomprensivos, y de los que no son obstinados y que, más bien, comprenden.

78. Sistema de los que han perdido el entender, la voluntad y la consciencia, que parecieran haber perdido los conocimientos; y sistema de los que no han extraviado el entender, la voluntad ni la consciencia.

79. Sistema de valor, honra, legalidad y de respeto aparente y no aparente.

80. Sistema de los que están correspondidos legítimamente, y de los que están correspondidos en lo que no es legítimo, en lo ilegal.

81. Sistema de los que son y no son ignorantes conscientes independientes, y de los que son y no son ignorantes dependientes.

82. Sistema de los que no dan importancia a lo ajeno, y de los que sí dan importancia al valor ajeno.

83. Sistema de cautos e incautos que son despreocupados, y de cautos e incautos que son avisados y preocupados.

84. Sistema de guerreros que se atemorizan o acobardan, y de guerreros que no tienen temor ni son cobardes.

85. Sistema de cautos e incautos que son despreocupados y no están alertas, y de los que no son desavisados ni despreocupados.

86. Sistema de orientados y de expertos, y de no orientados e inexpertos. Los que de verdad son orientados o expertos es que son unos incontrovertibles, ya que los que de verdad no son orientados es que son discutidores e inexpertos.

87. Sistema de los que han terminado con la injusticia y la esclavitud, pero que no han acabado con la justicia ni con la esclavitud.

88. Sistema de libertad propia, respetable, y de no libertad propia, respetable, comprensiva ni compasiva.

89. Sistema de los que les gusta tener todo legal, respeto y visibilidad.

90. Sistema de libertad propia, de justicia respetable, comprensiva, y de libertad impropia, no irrespetable, injusta ni recíproca.

91. Sistema de los que viven y subsisten con el sueldo, consciencia, y de los que viven y subsisten sin consciencia, sin atrevimientos y sin legalidad.

92. Sistema de los que salvan y se libertan recíprocamente, y de los que se salvan en lo que no salva.

93. El sistema de los legítimos que se hacen y se dicen con sinceridad, y de los legítimos que no se dicen con sinceridad ni espontaneidad.

94. Sistema de los pandilleros transigentes y de los pandilleros intransigentes.

95. Sistema de los que expresan confianza y garantía.

96. Sistema de los atrevidos no comprendidos.

97. Sistema de los que tienen cargo de consciencia, y de los que no tienen cargos de consciencia, desconfían y son indolentes.

98. Sistema de descarados o cínicos burlones de la justicia, y de no descarados que no se burlan de la justicia.

99. Sistema de infiltrados que son deshonestos y de infiltrados honestos.

100. Sistema de impropios despreocupados y de impropios no despreocupados.

101. Sistema de los que tienen actos para muertes, y de los que tienen actos para dar y tener vida.

102. Sistema de los que están representados por la fe y la realidad ilegal, impropia e imperfecta, y de los que representan la fe y la realidad legal y perfecta.

103. Sistema de identificados, conocidos confiables, y de los no identificados, no conocidos y que no son dignos de confianza.

104. El sistema de los que peligran y de los que no peligran.

105. Sistema de los que conscientemente dan motivo, y de los que inconscientemente dan motivo o provocación insensible.

106. Sistema de los que son sensitivamente inconscientes, de los que son sensitivamente conscientes y de los que no son sensitivos conscientes.

107. Sistema de libertinos peligrosos curiosos, y de los libertinos que no son peligrosos ni curiosos.

108. Sistema de los que están capacitados para ver televisión, vivir o subsistir.

109. Sistema de sufridos que han perdido la fe y la esperanza, y de alegres que no pierden la fe ni la esperanza.

110. Sistema de agónicos y moribundos, y de quienes no están moribundos, sino que son comprensivos.

111. El sistema de los humanos que son originales, morales o legales, y de los humanos que no son originales, morales ni legítimos.

112. Sistema de los que se dan lujos con derecho y pertenencia. Sistema de los que se dan lujos sin derecho, realidad, justificación ni pertenencia.

113. Sistema de los que tienen o parecen tener experiencia, y de los que no tienen experiencia o que parecen no tenerla.

114. Sistema de los que sienten cuando se les ofende o irrespeta, y de los que no se ofenden cuando son irrespetados.

115. Sistema de celos, confusión, equivocación, y de no equivocación, celos, confusión y de malos entendidos.

116. Sistema de justos conocidos y de justos no conocidos.

117. Sistema de los incautos con mala suerte, y de los cautos con buena suerte, es decir, que no son desavisados ni traicionados.

118. Sistema de masoquistas que armonizan, y de los que no son masoquistas y no armonizan.

119. Sistema de los que pasean con los hombres y de los que pasean con las mujeres.

120. Sistema de los que desean tener o adoptar niños, y de los que no desean tener ni adoptar.

121. Sistema de los que son comprensivos cobardes, y de los que son comprensivos valientes, con razón o sin ella.

122. Sistema de los que saben cómo tolerar o lidiar con los demás, y de los que no saben cómo tolerar ni lidiar con los demás.

123. Sistema de los que son exagerados y de los que no son exagerados.

124. Sistema de los que usan y practican sus sabidurías, entendimientos y conocimientos con legalidad o con respeto, y de los que usan sus sabidurías, entendimientos y conocimientos con ilegalidad e irrespeto.

125. Sistema de los que son procedentes de lo ilegal, de lo injusto y de lo incorrecto.

126. Sistema de los que subsisten a costillas de los demás, y de los que viven de su propio esfuerzo, y no a costa de los demás.

127. Sistema de los que se extralimitan, y de los que no se extralimitan, que no se ofenden ni evaden.

128. Sistema de los que practican la independencia, libertad respetuosa, y de los que predican la ilegalidad, el libertinaje e irrespeto.

129. Sistema de los que explican bien, y de los que dan una mala explicación de la realidad y la vida humana.

130. Sistema de los que no saben dónde ir, ni tienen dónde dormir, y de los que sí saben dónde descansarán.

131. Sistema de traidores y mortificadores, y de no traidores, no mortificadores, culpables ni que la deben.

132. Sistema de los que están encubiertos ilegalmente, y de los que no son delincuentes, traidores ni rebeldes; pero los que son justos y legales se esconden de los destructores, irrespetuosos e infiltrados.

133. Sistema injustificable de indeterminación. Sistema de cubrimiento y determinación.

134. Sistema de los que se dejan matar o traicionar por las mujeres, y de las mujeres que se dejan matar y traicionar por los hombres.

135. Sistema de gobernados y no gobernados, de independientes y no independientes.

136. Sistema que tiene opresores traidores y oprimidos cobardes, conscientes.

137. Sistema de los que tienen viviendas a cuenta de rebeldes sin causas, y de los que tienen viviendas a cuenta de sistemáticos.

138. Sistema de los que siempre han tenidos problemas de vivienda o carencia de ella, y de los que nunca han tenido necesidad o problemas con una vivienda.

139. Sistema de señuelos irreflexivos y de señuelos reflexivos.

140. Sistema de los que mantienen sus vicios, costumbres bravas e ilegalidades, y de los que abandonaron sus vicios y mantienen costumbres buenas en lo legal.

141. Sistema de los que están decepcionados de los amigos, y de los que no están decepcionados de sus amigos.

142. Sistema de los que andan con expropiados de consciencia, y de los que andan con personas conscientes.

143. Sistema de los que practican las caricias a lo legal, y de los que besan y acarician ilegalmente, sin respeto.

144. Sistema de los que tienen paciencia, y de los que no tienen paciencia, sino que son irreflexivos e ilegales.

145. Sistema de los que están a merced del peligro y de los que no corren peligro.

146. Sistema de los que hacen buena pareja y de los que no hacen buena pareja. Quienes hacen buena pareja son cariñosos y respetuosos mutuamente; quienes no, no sienten aprecio el uno por otro.

147. Sistema de lo hecho por esfuerzo o algo adquirido por sí mismo, y de lo que no es hecho por esfuerzo propio.

148. Sistema de los que son opresores y de los que no son traidores ni opresores.

149. Sistema de valientes decididos, y de los que son cobardes y miedosos; también de los que tienen razón e indicios de triunfar y no temen.

150. Sistema de los que son reflexivos y de los que no son reflexivos.

151. Sistema donde los invasores no tienen compasión ni justificación, y donde los invadidos sí tienen compasión, salvación y justificación.

152. Sistema de los que no piensan mucho antes de tomar una decisión, y de los que sí piensan y reflexionan antes de tomar una decisión para una determinación.

153. Sistema de los que se dejan dominar por la timidez y el desconcierto, el irrespeto e injusticia.

154. Sistema de los que practican o predican las pasiones y las alegrías legítimas por ignorancia, y de los que practican y predican las pasiones y las alegrías sin ignorancia.

155. Sistema de obstinados que son confusos o equivocados, y de obstinados que no son confusos ni equivocados.

156. Sistema de los peligrosos y sospechosos de la vida.

157. Sistema de los que se ponen nerviosos ante los amorosos o cariñosos, y de los que no se ponen nerviosos ante el amor.

158. Sistema de los que se enamoran, pero no pierden la razón, y de los que se enamoran y no son racionales.

159. Sistema de los que tienen dignidad, razón y pertenencia. Sistema de los que no tienen dignidad ni razón ni pertenencia.

160. Sistema de quienes tienen mala suerte y de los que tienen buena suerte.

161. Sistema de la mujer que yo elegí para que sea mi esposa.

162. Sistema de los predestinados que dependen de Dios o de sus decisiones, y de los que no dependen ni de Dios ni de sus propias decisiones.

163. Sistema de los que actúan dependiendo de las circunstancias, y de los que no actúan dependiendo de las circunstancias.

164. Sistema de los que se conforman con lo convencional, y de los que no se conforman con lo convencional ni lo aparente.

165. Sistema de los que son negligentes e indiferentes ante los perjuicios, y de los que no son indiferentes ni negligentes ante los perjuicios y las dolencias.

166. Sistema de prisioneros libertados que son ignorantes culpables, de prisioneros libertados que no son ignorantes culpables y de prisioneros libertados inocentes.

167. Sistema de los que necesitan unirse en matrimonio.

168. Sistema de las pertenencias que son indeterminadas e injustificadas, y de las pertenencias que son determinadas y justificadas.

169. Sistema de los que entienden mal y mal explican. Sistema de los que bien entienden y bien explican.

170. Sistema de agresores obedientes, y de agresores que son desobedientes, impropios y errantes.

171. Sistema de los que saben y entienden dónde está Dios, y de los que no saben, ni entienden dónde se encuentra Dios y su justicia.

172. Sistema de infiltrados, y de quienes no son infiltrados ni sospechosos.

173. Sistema de los convencionales que son eternos, responsables y propios. Sistema de los convencionales que no son eternos, que son irresponsables e impropios.

174. Sistema de los que son incomprensivos, y de quienes sí los comprenden.

175. Sistema de lo que no me hace ni me hará perder las esperanzas.

176. Sistema de los que creen y piensan que los argumentos que tienen validez son los que no existen, y de los que creen y piensan que los argumentos que tienen certificación o razón son existentes.

177. Sistema de los que pagan con o por sacrificio de abnegación, y de los que no pagan ni por sacrificio ni porque la deben.

178. Sistemáticos y antisistemáticos que están revueltos y mezclados, y sistemáticos y antisistemáticos que no están revueltos ni mezclados.

179. Sistema de los que respetan y obedecen lo original, y de los que no respetan ni obedecen lo original, sino a lo que es sospechoso e inhumano.

180. Sistema de los que revolucionan, desaniman y decepcionan.

181. Sistema de los que se avergüenzan y de los que no se avergüenzan.

182. Sistema de enamorados que practican intangiblemente sin corresponderse, y de enamorados que practican tangiblemente y se corresponden.

183. Sistema de los que están marginados e ilegalizados, y de los que son comprendidos y no son marginados.

184. Sistema de conscientes con memoria y de conscientes desmemoriados.

185. Sistema de los que parecen arrepentidos y de los que no se arrepienten.

186. Sistema de explotadores que están en las buenas, pero por lo ilegal, y de explotadores que no están en las buenas, sino en lo legal.

187. Sistema de antojosos, peligrosos prejuiciosos sin razón, y de antojosos, peligrosos prejuiciosos con razón y existencia.

188. Sistema de traidores incomprensivos, de traidores comprensivos y de traicionados comprensivos.

189. Sistema de trabalenguas que están en las malas, y de trabalenguas que están en las buenas y en lo que no es sospechoso.

190. Sistema de los que pueden ser traidores y de los que no pueden ser traidores.

191. Sistema de los que son porfiados o tercos en sus actos de ignorantes, y de los que son comprensivos y sabios en sus actos de conocimientos.

192. Sistema de los que se apoyan por ilegalidad o irrespeto, y de los que se apoyan por legalidad, respeto y comprensión.

193. Sistema de los que no están parcializados, los que no tienen sentido ni razón, y de los que sí están parcializados y entregados a los que son constructores y a quienes sí tienen sentido.

194. Sistema de los que toleran a quienes se lo merecen, y de quienes toleran a quienes no se lo merecen.

195. Sistema de los que piden o exigen solución, y de los que piden o exigen entendimiento y comprensión.

196. Sistema de vida, legalidad y respeto.

197. Sistema de lo contrario, de lo contraproducente, más que todo de la timidez.

198. Sistema de respeto posible y de lo adverso posible.

199. Sistema de los que fácilmente se les transforman sus gustos o caracteres, y de los que difícilmente se les transforman sus gustos o caracteres.

200. Sistema de los que predican las garantías, y de los que no predican ni practican las garantías, ni mucho menos la comprensión.

201. Sistema de los que tienen conocimiento de asuntos reflexivos, y de los que tienen conocimiento de asuntos que no son reflexivos, morales ni legales.

202. Sistema de los que tienen derecho, razón o motivo, y de los que no tienen derecho, amor, razón ni querer.

203. Sistema de los que pierden visibilidad, identificación o pertenencia, y de los que no pierden visibilidad, sino que tienen identificación y sentido de pertenencia.

204. Sistema de explotados, exprimidos, marginados que están en las buenas con garantías, y de explotados, exprimidos y marginados que están en las malas sin garantías ni esperanzas, sino en lo ilegal.

205. Sistema de los que ven esperanzas o triunfos en el amor y cariño de los legales, y de los que tienen sus esperanzas y triunfos puestos en el amor y el aprecio de los ilegales e ilógicos.

206. Sistema de los que confían en la justicia y en el triunfo.

207. Sistema que es de trato ilegal y de negocio ilegal.

208. Sistema de sinvergüenzas, descarados, y de quienes no son sinvergüenzas ni descarados.

209. Sistema de infiltrados y de no infiltrados.

210. Sistema de antojos, represalias, y de no antojos ni represalias.

211. Sistema de los que duermen o mueren eternamente, y de los que solo duermen.

212. Sistema de los que saben utilizar tanto el respeto como el irrespeto, y de los que no saben alternar los respetos ni el irrespeto.

213. Sistema de incautos y víctimas inconscientes que no tienen fe ni ánimo, pero donde los cautos conscientes siempre tienen ánimo, fe y esperanza.

214. Sistema de los que tienen problemas y dificultades privadas que son prejuiciosas, y de los que tienen sus propias dificultades privadas y no tienen prejuicios.

215. Sistema de los que están en mala compañía por ilegalidades que peligran, y de los que tienen buena compañía por legales que no peligran.

216. Sistema de los que tienen o tuvieron sueños bonitos, y de los que tienen o tendrán realidades bonitas.

217. Sistema de los que están esclavizados, y de los que están libertados, legalizados y visibilizados.

218. Sistema de los que hacen injusticias, y de los que no hacen injusticias ni ilegalidades.

219. Sistema de los que tienen responsabilidades y cumplimientos de propietarios justificados. Sistema de los que tienen responsabilidades y cumplimientos de quienes no son propietarios ni justificados.

220. Sistema de los que son tolerantes, y de los que no son tolerantes, cobardes ni hipócritas.

221. Sistema de amor y cariño que proviene de falsos e hipócritas, y de aprecio que no proviene de la falsedad.

222. Sistema de libertados que son prejuiciosos, libertinos, y de libertinos que no practican los prejuicios.

223. Sistema de comprender y de no comprender.

224. Sistema de libertad que es de confianza no contraproducente, y de libertad que no es de confianza contraproducente.

225. Sistema que es de ambición ilegal y de contrato ilegal.

226. Sistema de los que son amables, respetuosos y querendones. Sistema de los que son todo lo contrario.

227. Sistema de desacreditados y de no desacreditados.

228. Sistema de los legales, lógicos, reflexivos, justificados, y de ilegales, ilógicos, irreflexivos, injustificados.

229. Sistema de los que están falseados y de los que no están falseados.

230. Sistema de los que creen o piensan que van al infierno por lo que hacen o dicen, y de los que creen y piensan en que irán al infierno por lo que no hacen y no dicen.

231. Sistema del planeta de los humanos que son cautos, y de los humanos que son incautos.

232. Sistema de los que son hombres o que parecen ser hombres, y de las que son mujeres o que parecen ser mujeres.

233. Sistema de los que tienen ley de origen fundamental, y de los que tienen ley de origen no fundamental.

234. Sistema de los que tienen amistades con conocimiento, y de los que tienen amistades sin conocimiento, ni sabiduría.

235. Sistema de impostores que están arrestados, y de impostores sospechosos que están en libertad.

236. Sistema de los que dependen de conocimiento, y de los que dependen de otras actividades; estos son independientes autónomos.

237. Sistema de cobardes que tienen razón, y de quienes no son cobardes, pero tampoco tienen razón.

238. Sistema de los que hacen perder y de los que no hacen perder. Los que hacen perder o desanimar es porque son unos sospechosos; sin embargo, los que no hacen perder no son unos culpables.

239. Sistema de los que tienen libertad como opresora, y de los que tienen libertad como oprimida.

240. Sistema de los que son perfectos en el sentido artificial, y de los que son perfectos en el sentido natural.

241. Sistema de trabajadores que son destructores e ingratos, y de trabajadores que no son destructores, sino que tienen gratitud.

242. Sistema de los que son anticristos no arrepentidos, y de los que son anticristos que están arrepentidos y legalizados.

243. Sistema de condiciones que se malinterpretan, y de condiciones que no son malinterpretadas.

244. Sistema de víctimas de injusticias violentas y de víctimas no violentas.

245. Sistema de comprensión, solidaridad y reflexión.

246. Sistema de los que predican los actos de los hombres, y de los que practican los actos de las mujeres.

247. Sistema de irreflexivos que tienen y no tienen correspondencia de dignos, y de reflexivos que tienen correspondencia de dignos.

248. Sistema de los respetuosos correspondidos, y de los que no son respetuosos ni correspondidos.

249. Sistema de los que se mueven por el bien, y de los que se mueven por lo contrario.

250. Sistema de los que se dan vida o placeres conscientemente, y de los que se dan placeres sin control.

251. Sistema de errores que son conscientes por libertad, y de los equivocados que son inconscientes sin salvación.

252. Sistema de paciencia y tolerancia, pero también sistema de los incomprensivos, impacientes e intolerantes.

253. Sistema de falsos valores y de valores verdaderos del Estado.

254. Sistema de los que tienen nociones del pasado y del presente únicamente; también de los que tienen ideas de otras cosas.

255. Sistema de autoridades infiltradas, y de autoridades que no están infiltradas.

256. Sistema de los que no han sentido ni sentirán dolor.

257. Sistema de los que están atrapados por la ignorancia, y de los que no están atrapados por la ignorancia.

258. Sistema de los que son rebeldes con causa y de los que son rebeldes sin causa.

259. Sistema donde los tolerantes son tratados del mismo nivel, porque son pacíficos.

260. Sistema de los que son obstinados suicidas sin esperanzas, y de los que son obstinados, pero no suicidas y sí tienen esperanzas.

261. Sistema de propios, ajenos a lo que no es ajeno, y de propios ajenos a lo ajeno.

262. Sistema de los que tienen demasiada buena suerte, y de los que tienen demasiada mala suerte.

263. Sistema de los que se aceptan, se salvan o se libertan, y sistema de los que no se aceptan, no se salvan ni se libertan.

264. Sistema de los que tienen sabiduría, entendimiento e identificación, y de los que no tienen sabiduría, entendimiento ni están identificados.

265. Sistema de pertenencias que son de los despreocupados e irresponsables, y de las pertenencias de quienes son responsables y preocupados.

266. Sistema de sufridos señuelos y de sufridos que no son señuelos.

267. Sistema de desconfiados egoístas y de confiados que no son egoístas.

268. Sistema de los que rechazan algo que no les gusta, y de los que no rechazan lo que sí les gusta.

269. Sistema de los que desaniman y de los que desalientan.

270. Sistema de los que tienen pertenencias en sentido justificado, y de los que tienen pertenencias en sentido no justificado.

271. Sistema de intenciones y sentimientos que son y no son de Dios.

272. Sistema de los que son capitalistas e incomprensivos, y de los que no son capitalistas.

273. Sistema de indignados sin pertenencias, y de enardecidos e indignados con pertenencia.

274. Sistema de los liberticidas que salvan o que tienen salvación, y de los liberticidas que no salvan y no tienen salvación.

275. Sistema de incrédulos y de creyentes.

276. Sistema de la selección de amor y aprecio con libre albedrío garantizado.

277. Sistema de los que están destinados a ser legales y de los destinados a ser ilegales.

278. Sistema de los que tienen sentimientos e intenciones de trampa, y de los que tienen buenos sentimientos e intenciones.

279. Sistema de crueles inescrupulosos y de los que no son crueles ni escrupulosos.

280. Sistema de los que tienen conocimientos teóricos, y de los que no tienen práctica ni información teórica.

281. Sistema de los que fuman por capricho y de los que fuman por necesidad.

282. Sistema de los que han tenido experiencias de amor sin tener a quien amar.

283. Sistema de los que pertenecen a la misma ley de opinión, y de los que no son de la misma ley de opinión, ni de lo que es visible.

284. Sistema de los que mantienen conversaciones, y de los que no mantienen ningún tipo de conversación.

285. Sistema de dioses y de seres humanos sin propiedad ni sede.

286. Sistema que tiene inocentes zánganos e inocentes que no son zánganos.

287. Sistema de terroristas realistas y de terroristas que no son realistas.

288. Sistema de los oportunistas con y sin amor.

289. Sistema donde todo tiene que ser humano, sobre todo legal y visible.

290. Sistema donde se habla lo que es verdad, humano, justo y legal.

291. Sistema de las excusas injustas o de encubiertos indignos, y de justos legales no encubiertos que sí son dignos.

292. Sistema de los que carecen de sentimientos comprensivos, y de los que no carecen de sentimientos legítimos.

293. Sistema de amor y cariño prohibido. Sistema de amor y cariño permisor.

294. El sistema justo e inocente es establecido y justificado, ya que el sistema injusto y culpable no es establecido ni justificado porque es incomprensivo.

295. Sistema de injustificados y de revolucionarios ilegítimos.

296. Sistema de amor y de desamor.

297. Sistema de la ley de injustos equivocados.

298. Sistema del egoísmo del trabajador justo y del egoísmo del trabajador injusto.

299. Sistema que tiene y no tiene conocimiento sobre la humanidad.

300. Sistema de los que dependen de sus familias y de los que no necesitan a su familia.

301. Sistema de los que tienen facilidad para tratar con la vida, y de los que se les hace mucho más difícil enfrentar la vida.

302. Sistema de los que son patriotas o nacionalistas por medio de los estudios, y de los que son patriotas o nacionalistas por medio de lo ajeno.

303. Sistema de los que olvidan los celos.

304. Sistema de culpables transigentes y de culpables intransigentes.

305. Sistema de los que tienen como costumbre o tradición, bailes pegados, y de los que no tienen como costumbre los bailes pegados.

306. Sistema de redimidos y de no redimidos ni construidos.

307. Sistema de derechos humanos sospechosos y de derechos humanos que no son sospechosos.

308. Sistema que tiene propiedad con sabiduría y propiedad sin sabiduría.

309. Sistema de los que tienen consciencia con o sin sabiduría.

310. Sistema de los que eran esclavizados por opresores y traidores.

Existencia

311. Existencia de los enamorados, de los libertados que entienden, conocen o saben cómo dirigir el sistema; existencia de enamorados, de libertados que no entienden, no conocen ni saben cómo dirigir el sistema.

312. Existencia de traidores y tramposos. Existencia de los que se gradúan y de los que no se gradúan.

313. Existencia de los que se conforman con ser legales o respetuosos, y de los que no se conforman con ser legales o respetuosos, ni activos ni visibles.

314. Existencia de realidades e irrealidades que son molestas o peligrosas, y de realidades e irrealidades que no son molestas ni peligrosas.

315. Existencia de encubiertos o descubiertos que son sospechosos, y de los descubiertos o encubiertos acusados que no son sospechosos.

316. Existencia de los que entienden y entenderán, también de los que no entendieron, que no han entendido ni entenderán.

317. Existen oportunidades que se justifican bien y otras oportunidades que no se justifican.

318. Existencia de los que saben explicar lo que es respeto, y de los que no saben ni explicar qué es el respeto porque son unos impostores.

319. Existencia de los que mezclan políticas con la dictadura, y de quienes no mezclan políticas con dictadura.

320. Existencia de morales ilegales e inmorales ilegales, y de morales legales y de inmorales legales.

321. Existencia de los que predican la comprensión respetuosa, y de quienes predican todo lo contrario.

322. Existencia de los que tiene experiencias desalentadoras, y de los que no tienen experiencia en dolor.

323. Existencia de moribundos conscientes que tienen fe y esperanza, y de moribundos conscientes que no tienen esperanza ni fe.

324. Existencia de quienes no son sinceros, y de los que sí son sinceros y adversos.

325. Existencia del bien, acompañado del presente y del futuro, y del bien en compañía del presente en el presente, y del futuro en el futuro.

326. Existencia de los que encuentran seguridad y salvación en lo legal, y de los que encuentran seguridad y salvación en lo ilegal.

327. Existencia de los que predican legalmente o sin ofender, sin perjudicar ni irrespetar, y de los que preconizan correctamente y con defensa.

328. Sistema de los que provienen de la dinastía que son de lo legal, de los que proceden de la dinastía y de quienes forman parte de lo ilegal, de lo incomprensivo y equivocado.

329. Existencia de los que ignoran los actos de misericordia, y de los que no ignoran los actos derechos.

330. Existencia de ingratos decididos que son impertinentes, y de ingratos y decididos con pertinencia.

331. Existencia de sinvergüenzas que se merecen que les traten bien legalmente, y de sinvergüenzas que no merecen respeto ni buen trato.

332. Existencia de terroristas que practican el terror por injusticia, y de terroristas que no practican ilegalidades, sino lo que es justo.

333. Existencia de los que tienen circunstancias de recíprocos, y de los que andan acompañados, sin libertad y sin legalidad.

334. Existencia de libertados que parecen ser culpables, y de libertados que parecen libertinos.

335. Existen asuntos que tienen que establecerse y respetarse, hacerse defender, confiar y cumplir, ya que son cuestiones de virtud, honor y honestidad.

336. Existencia de realidades fenómenos desconocidas y de realidades no fenómenos reconocidas.

337. Existencia de los que dan importancia a la legalidad, y de los que dan importancia a ilegalidades y a peores actos.

338. Existencia de traidores y de traicionados.

339. Existencia de enamorados o libertados que conocen y saben dirigir el sistema, y de enamorados y libertados que no conocen el sistema ni saben dirigirlo.

340. Existencia de cautos con libertad y de incautos sin libertad y pertenencia.

341. Existencia de separación o desacuerdo de enamorados y no enamorados, más que todo aquellos que no son reflexivos ni sensibles.

342. Existencia de quienes no entienden ni saben hacer entender.

343. Existencia de los que tienen memoria y de los que no tienen memoria.

344. Existencia de ofensores y defensores que son artificiales, sofisticados, y de ofensores que no son artificiales ni sofisticados.

345. Existencia de ingenuos y sospechosos, y de quienes no son ingenuos ni sospechosos.

346. Existencia de quienes ven vida con beneficios y de los que no ven vida ni beneficios.

347. Existencia de sospechosos volátiles y de sospechosos no volátiles.

348. Existencias de responsables culpables y de responsables que no son culpables.

349. Existencia de alegres despreocupados y de infelices preocupados.

350. Existen errores que se pueden disculpar, pero también existen errores y equivocaciones difíciles de disculpar.

351. Existencia de espías que serán traidores, y de quienes no serán traidores.

352. Existencia de los que no son impostores o falsos existentes.

353. Existencia del respeto y la comprensión.

354. Las experiencias de los que se legalizan salvan y libertan, pero las experiencias de los que no legalizan no salvan ni libertan.

355. Existencias de inválidos, sospechosos, y de inválidos que no son sospechosos ni prejuiciosos.

356. Existencia de fe y realidad que es creíble, y de la realidad increíble.

357. Existen personas que se enfadan cuando los confunden con delincuentes; sin embargo, existen quienes no se ofenden ni se molestan cuando los confunden con arrepentidos.

358. Existencia de delincuentes arrepentidos y de delincuentes que no están arrepentidos.

359. Existencia de los que se defienden o reaccionan por las buenas, y de los que se defienden por las malas.

360. Existencia de pensadores que se equivocan o hacen injusticias, y de pensadores que no se equivocan ni hacen injusticias.

361. Existencia de graduados que son irreflexivos o precipitados, y de los que son reflexivos, pacientes y libertados.

362. Existencia de equivocados y de no equivocados.

363. Existencia de jactanciosos irreflexivos, y de legales reflexivos, beneficiosos y respetables.

364. Existencia de señuelos que son contraproducentes, y de señuelos que no son contraproducentes ni incomprensivos.

365. Existencia de los que se entienden y se conocen, y de los que no se entienden ni se conocen.

366. Existencia de escrupulosos, inescrupulosos conscientes, y de inescrupulosos, escrupulosos inconscientes.

367. Existencia de opresores sospechosos, y de quienes no son opresores ni sospechosos.

368. Existencia de los que subsisten con duda e inquietud, y de los que no viven con duda ni inquietud.

369. Existencia de insensibles que son indiferentes, y de sensibles, nobles y originales.

370. Existencia de los que le dan importancia o interés al irrespeto, y de los que dan importancia al respeto.

371. Existencia de quienes tienen carácter de burlados y de desanimados.

372. Existencia de los que no avisan, son incautos o precipitados, y de los que son cautos, reflexivos y leales.

373. Existencia de los que repugnan y que son peligrosos, ya que los que no repugnan, no causan temor.

374. Existencias de expresiones, injurio de hipócritas y de expresiones injurias.

375. Existencia de traidores incomprensivos con irrespeto, y de traicionados o comprensivos con irrespeto.

376. Existencias de encubiertos que practican sin explicar los perjuicios, y de los encubiertos que practican y explican los beneficios de lealtad.

377. Existe la justicia legal e ilegal. La justicia ilegal es injusta, pero la justicia legal es tolerante porque es cabal o precavida.

378. Existencia de los que son inconscientes y de los que son conscientes cautos.

379. Existencia de tímidos sospechosos y de quienes no son tímidos ni sospechosos.

380. Existencia de falsos, mal entendidos e impostores, y de quienes no son falsos, impostores ni mal entendidos.

381. Existen personas cuyas palabras son de un significado, pero también existen personas cuyas palabras son de varios significados.

382. Existencia de preexistentes, desconocidos, curiosos, y existencia de preexistentes conocidos.

383. Existencia de prisioneros que viven irreflexivamente, y de prisioneros que viven reflexivamente.

384. Existencia de cautos y delincuentes con malicias. Existencia de cautos que no saben utilizar la malicia.

385. Existencia de tolerantes que se justifican, y de tolerantes que no tienen justificación ni validez.

386. Existencia de los que tienen principios y de los que tienen todo lo contrario.

387. Existencia de opresión y represión de extranjeros. Existencia de extranjeros no oprimidos ni reprimidos.

388. Existencia de sentimentales que son ignorantes equivocados, y sentimentales que no son ignorantes ni están equivocados.

389. Existencia de expertos e inexpertos que justifican y se justifican en el mismo ambiente, y de expertos e inexpertos que no se justifican ni se justifican en ningún tipo de ambiente.

390. Existencia de los que subsisten con negligencia, y de los que viven sin negligencia.

391. Existencia del muerto que ama moralmente o que no fue correspondido, y del vivo que ama moralmente, pero que sí fue correspondido.

392. Existencia de quienes dicen ser justos y humanos, pero no tienen siquiera sentimientos de justicia ni legitimidad.

393. Existencia de los que no parecen ser traidores, y de los que sí parecen ser unos traidores.

394. Existencia de justificados e injustificados existentes y no existentes de Dios.

395. Existencia de quien es justo y no casual, justo no justificado, y de quienes tienen sabiduría y fundamento.

396. Existen verdades a las que se les da crédito y aceptación porque son alcanzables, porque hay verdades o legalidades a las que no se les da crédito porque son inalcanzables.

397. Existencia de asuntos verdaderos, y de asuntos que no son verdaderos, sino que provienen de las mentiras.

Ley/Legal/Ilegal

398. Ley de legales, casi legales y justificados. Ley de ilegales, casi ilegales y de injustificados.

399. Ley de saboteadores o infiltrados que se merecen que los lleven presos, y ley de transformistas o saboteadores infiltrados quienes no merecen que los lleven presos.

400. Ser legal u original es cumplir con los deberes o responsabilidades, y ser ilegal o ser original es incumplir con sus deberes y ser irresponsable.

401. La ley de Dios no es la abstinencia ni el ocio, es el conocimiento y el cumplimiento del bien.

402. Lo legal es honestidad, la honestidad se origina de la justicia, pero la ilegalidad es deshonesta, lo ilegal procede de la injusticia.

403. Ley de los creyentes comprensivos que razonan, y de los porfiados creyentes que no comprenden ni razonan.

404. Ley de descarados traicionados.

405. Lo ilegal representa el irrespeto, incomprensión e injusticia, ya que lo legal significa y representa el respeto, comprensión y justicia.

406. Ley de conscientes culpables, de conscientes no culpables, de inconscientes culpables y de inconscientes sin culpa.

407. Ley de comprensión, valorización, y de no comprensión ni valorización.

408. La ley no solo depende únicamente de los que juzgan o saben juzgar, sino que también se rige por medio de los que no juzgan ni saben cómo hacerlo.

409. Ley y existencia de guerreros pacíficos, impropios impostores, y de guerreros no pacíficos ni impostores.

410. La ley de bravos y de los contentos irreflexivos es peligrosa. La ley de bravos y de los contentos reflexivos no es peligrosa.

411. Ley de fuertes que inspiran lastima, y de los esforzados y justos.

412. Ley de comprensión e incomprensión a los desleales.

413. Ley de nobles, aristócratas y de reflexivos justos. Ley de quienes no son nobles, ni aristócratas, ni reflexivos.

414. Ley de impostores y de no impostores.

415. Ley de ignorantes, no ignorantes superdotados, y ley de ignorantes, no ignorantes que no están superdotados.

416. Ley que quita lo malo, injusto, ilegal y lo incorrecto.

417. Ley de agresores desacreditados y de ofensores no desacreditados.

418. Ley de agresores cautos y de oprimidos inconscientes.

419. Ley de burlados que se lo merecen y de burlados que no se lo merecen.

420. Ley de soñadores y de no soñadores.

421. Ley de atrofiados y de no atrofiados.

422. La ilegalidad es oscuridad, pero la legalidad es claridad.

423. Ley de traidores, ignorantes y desleales.

424. Ley de opinión de los atrasados incivilizados, y ley de opinión de los adelantados civilizados.

425. Ley de opinión de los que son traicionados y de los que no han sido traicionados.

426. Ley de legalidad y de lo contrario.

427. Ley que tiene oídos de sordos y de ignorantes.

428. Ley de desapestados que se legalizan, y de apestosos que se ilegalizan.

429. Ley de enamorados que tienen timidez, y de enamorados que no son tímidos, ni tienen complejos.

430. Ley de provocados y de quienes no son provocadores, ni excitantes.

431. Ley de anarquistas cautos e incautos equivocados, y de cautos e incautos que no están equivocados.

432. Lo sincero es legítimo, pero lo contrario no es legal ni aceptable.

433. Los que perdonan o disculpan es porque tienen o tendrán más si son racionales o conscientes; pero los que no perdonan ni disculpan es porque no tienen ni tendrán más, y son traicionados o ilegalizados.

434. La proposición de dos jóvenes provenientes de Dios hacia lo legal y el respeto.

435. Los que se corrompen en el pecado, en lo ilegal es por ignorantes, es decir, desconocen lo que está establecido. Sin embargo, existen los que tienen el conocimiento, pero siguen equivocados, estos se encaminan hacia el pecado.

436. Apoderarse, adueñarse ilegalmente o incorrectamente de la persona es desnaturalizar, encubrirse o escudarse, ya que apoderarse legal o correctamente de la persona está bien. Legalmente es convención. No es desnaturalizar, ni pecar ni escudarse.

437. Los que corruptamente triunfan es porque son unos incautos, pero los que legal o incorruptamente triunfan es porque no son incautos ni engañan.

438. Quite la violencia y lo ilegal; ponga lo legal, lo honesto.

439. Quienes se convencen con oportunidades o con acuerdos es porque son unos legales y respetuosos, ya que quienes se convencen con o por desacuerdo es porque son ilegales, irrespetuosos.

440. A quien le hace falta algo se esconde por necesidad hacia lo legal, pero quien no se esconde ni se escuda es porque está en lo legal o en lo convencional.

441. Apropiarse de lo ajeno o robar no es más que ignorancia e ilegalidad.

442. Los que esperan con paciencia parecen no ser peligrosos e inconscientes, ya que los que no son pacientes, a simple vista son peligrosos e ilegales.

443. Hay quien está en la vida y entiende que debe tener lealtad, respeto y compromiso, pero quien se encuentra en la vida y no entiende es porque es ilegal, irrespetuoso y no emprende.

444. Al que le gusta que se le ayude y es verdaderamente sincero y legal es un agradecido, más aún si es un débil

o pobre. Pero a quien no le gusta que se le ayude es por orgullo, más aún si tiene desaliento o depresión.

445. Los asuntos no solo son de entender bien, de explicar o legales, ya que también existen malentendedores y quienes no saben explicar.

446. Donde hay destructores y traidores no hay legalidad ni respeto, pero donde hay constructores hay legalidad, respeto y entendimiento.

447. Los que tienen legalidad o respeto no propenden a ser cobardes e impostores.

448. El que se acostumbra a lo que proviene de lo ilegal es un infractor, intruso, invasor y sospechoso, ya que los que bien y legalmente se acostumbran no son infractores, intrusos, delincuentes ni sospechosos.

449. Donde hay irreflexión hay maldad e ilegales mezclados, pero donde hay reflexión no se halla maldad, sino legales bondadosos.

450. Los que no se desalientan propenden a ser legales. Quienes se desalientan propenden a ser ilegales.

451. Las culpas se hallan en la ignorancia, esta se origina de lo procedente e ilegal.

452. Cuando se tiene pertenencia de realista y no de extranjero es porque no es visión, sino legalidad patriota.

453. Los que gobiernan con bien o legalidad son los que mandan con identidad, eficacia, utilidad y con conocimiento; pero los que gobiernan con maldad, lo hacen sin identidad, sin eficacia, sin utilidad ni conocimiento.

454. Los que subsisten en el sistema de lo legal y respeto es porque no son ignorantes, cobardes ni nerviosos.

455. Para tener todo lo legal se tiene que ser existente, ser productor, ser eficaz, pero no tener cobardía ni timidez.

456. Los actos, las palabras, las acciones y los vocablos, todo lo que está relacionado con o por lo legal, tiene que complementarse, ya que el complemento es una expresión escrita, pero también pronunciada.

457. Los que mantienen relaciones legales, providenciales y legítimas con Dios es porque son comprensivos, más si son visibles con la fe.

458. Los que preconizan celebran lo ilegal, terminan en lo legal y en el respeto, ya que los que predican lo legal terminan en lo ilegal.

459. No es igual el saludo o la tolerancia que se le hace a un falso, que la tolerancia que se le da a un verdadero, legal y benefactor.

460. Los destructores son unos malintencionados, pero los constructores son legales, tienen buenas intenciones y no son sospechosos.

461. Los que cometen falta contra Dios son los que predican irrespeto e ilegalidad, al menos que cambien esto por respeto, legalidad y defensa.

462. Los que de verdad saben beneficiarse de la ley justa son perdonados; ya que los que no saben aprovechar ni menos beneficiarse de la ley justa no son disculpados.

463. Los que dan mensajes o expresan esperanzas es que son unos legalizados de la realidad.

464. Los que manifiestan buenas intenciones pueden ser valientes tolerantes o intolerantes, ya que los que expresan malas intenciones son los ilegales que no forman parte de la vida ni del respeto.

465. Los asuntos tienen que ser variables cuando las cuestiones se transforman en monótonas, ilegales y sospechosas, pero no cuando son aceptables y normales.

466. Los que son ilegales e ilegítimos sin causa es porque han sido destruidos, ya que los que son legales o ilegítimos no son destruidos ni serán destruidos.

467. Los que legalmente incautan o articulan es porque son conscientes, pero los que lo hacen por lo ilegal, son inconscientes y peligrosos.

468. Los que actúan legalmente es porque son y serán visibles.

469. Quien de verdad aprecia, legaliza y visualiza se responsabiliza, ya que quien no aprecia, no legaliza ni visualiza no se responsabiliza.

470. Los que tienen expresión o exclamación de triunfadores es porque están en las buenas, ya que los que están en lo ilegal y en lo malo no son triunfadores.

471. Los gobiernos y las leyes que la deben es porque no son legales, ni se arrepienten, porque los gobiernos que nada deben son legales y arrepentidos.

472. No es lo mismo tener y defender una ley que sea aceptada y confiable, que tener una ley que no sea aceptada, desagradable e indefendible.

473. El que tiene una ley de pertenencia defendible, al menos es original, más si es verdadero. Quien tiene una ley de pertenencia que no es defendible no es original, más si es un falso.

474. Es más importante cumplir con lo legal y lo respetuoso, que cumplir con lo ilegal que no es necesario.

475. Las cuestiones de problemas no solo se originan de lo legal, sino que también se originan de lo ilegal y lo impropio.

476. Los que defienden y valoran lo que es de Dios es porque son legítimos, pero los que no defienden y menos valoran a Dios es porque no proceden de ninguna parte.

477. Los que respetan y obedecen a lo que no es sospechoso es porque son legales y amables, ya que los que respetan y obedecen a lo que es sospechoso es porque son ilegales.

478. Los que se parcializan con el irrespeto o que necesitan irrespetar es porque son unos circunstanciales ignorantes; porque los que se parcializan con el respeto y necesitan del respeto son circunstanciales con conocimientos legales.

479. Quienes son de ley y de acuerdo de respeto es porque son tolerantes y civilizados, ya que los que no son de ley y acuerdos de respeto no son comprensivos ni toleran, por lo tanto, están equivocados y son incautos.

480. Lo importante de la vida no solo es estudiar, también es necesario lo propio, estar en lo legal y en lo lógico.

481. Los que tienen pensamientos corruptos son ilegales, culpables e ignorantes, pero los que no son corruptos, no son culpables, ignorantes ni sospechosos.

482. Los que pertenecen a Dios y son creyentes de él es porque son respetuosos y legales. Sin embargo, los que no creen en él, no ven ni sienten nada que venga de Dios, mucho menos son leales ni respetuosos.

483. La perfección existe en todo lo que es moral, ya que la imperfección se encuentra en lo que es inmoral e ilegal.

484. El que predica lo bueno, lo legal, está haciendo el bien; pero el que predica lo malo, lo ilegal, ese es un sospechoso inmoral.

485. Ser practicante de lo ilegal es estar equivocado y ser mal entendedor. Sin embargo, ser practicante de lo que es bueno y de lo legal es ser buen entendedor y saber explicar.

486. El desavisado es incauto o víctima de sí mismo, más si es un ilegal, ya que el avisado no solo es cauteloso o victimario con los demás, sino que también es cauteloso y victimario consigo mismo, más aún si es legal y reflexivo.

487. Cuando los argumentos son ilegales propenden a ser impropios y no originales, pero cuando los argumentos son legales, propenden a ser propios y originales.

488. El que se arrepiente busca lo legal y el respeto, pero quien no se arrepiente no busca el bien, sino lo ignorante y lo ilegal.

489. Quien tiene identificación y entendimiento de lo legal no es traidor; traidor es quien no tiene identificación ni entendimiento.

490. Cuando se está en lo malo y en lo ilegal se propende a tener conflicto, pero cuando se está dentro de lo legal y de lo que es bueno, no habrá ningún tipo de conflicto.

491. Hay quien con los ilegales triunfa o se normaliza, pero quien avanza con los legales sí triunfa y se normaliza.

492. Quien entiende es porque tiene razón, pero quien no entiende es porque no tiene razón legal ni argumento lógico.

493. Los que se rebelan sin razón y se ilegalizan andarán mal acompañados, pero los que se aquietan y tienen razón serán legalizados y tendrán buena compañía.

494. Lo importante no solo es sentir aprecio, también es importante recibir aprecio de parte de lo que es legal y correspondido.

495. Quien está en lo legal y tiene duda peligra, más si lo legal no le pertenece, pues quien está en lo ilegal y tiene duda peligra aún con más razón si lo legal no le pertenece.

496. Quien legaliza su oportunidad es consecuente. Sin embargo, quien no legaliza su oportunidad no es consecuente ni cumplidor.

497. Lo recíproco y lo consecuente son garantías que pertenecen a lo legal y a lo legítimo.

498. Quien tiene vida propia es triunfador, pero quien no tiene vida propia no es legal ni será triunfador.

499. Los que están seguros es porque son legales y son pacíficos, pero los que no están seguros es porque son unos ilegales, legítimos y precipitados.

500. Esas expresiones de lo bueno y de la realidad legal se hallan en los que son reflexivos y respetuosos, pero las expresiones de lo malo, de las realidades ilegales y el irrespeto se encuentran en los que son irreflexivos e ilegales.

501. Los que se preparan para lo peor es porque son ilegales, pero los que se preparan para lo bueno es porque son legales.

502. Los que subsisten con ilegalidades es porque son dependientes súbditos. Sin embargo, los que viven con legalidad son independientes conscientes.

503. El falso es débil y profano, más si es un malintencionado ilegal, pero quien no es falso ni débil es fuerte, aún más si tiene buena intención.

504. El agua es del pueblo y de lo legal, sobre todo porque proviene de Dios.

505. La delincuencia es un problema que se tiene que meditar; sobre todo, la que se origina de los ricos e ilegales.

506. Los que tienen fe en Cristo son legítimos, pero los que no tiene fe ni esperanza en Cristo no son legítimos ni legales.

507. Quien tiene trato con los inconscientes es un desleal. Los que tienen trato con los conscientes son leales y legales.

508. Mantener una conversación sobre los legalizados es también conversar de los confiables, pero si forman parte de la familia.

509. Los que se legalizan es porque son legales conocidos, y se les tiene confianza porque son aceptados; sin embargo, los que no se legalizan es porque son sospechosos, pero aun así son provenientes de lo ajeno.

510. La vida se acaba para el que se muere, más si era un ilegal.

511. Los que tienen conocimiento o entendimiento de todo son conformes; sin embargo, los que no tienen conocimiento de nada son inconformes, más si tienen autocontrol de lo incorrecto e ilegal.

512. Los que no respetan ni se dan a respetar es porque son unos cobardes; sin embargo, los que sí respetan y se respetan son conformes y legales.

513. Cuando la persona está bien en todo es legal, pero cuando no está bien en nada es un ilegal.

514. Lo que Dios une nada ni nadie lo puede deshacer, solo si es el Dios legal, no un dios inventado.

515. No solo las personas mayores merecen respeto y consideración; todas las personas en general merecen consideración, legalidad y respeto.

516. Quien establece lo legal no es sospechoso porque respeta y es de fiar; sin embargo, quien establece lo ilegal no defiende ni se defiende, es sospechoso.

517. Los que se desenvuelven en lo bueno son legales y aceptados.

518. Los que tratan y son bien tratados es porque son legales y conscientes, pero los que se tratan mal entre sí son ilegales, no son aceptados e inconscientes.

519. Lo que se oculta tiende a ser ilegal, y proviene de los corruptos.

520. Los que tienen expresión de ofensores es que son unos ilegales.

521. Lo que no se puede demostrar como pertenencia es porque proviene de lo ajeno, pero lo que sí se puede demostrar como pertenencia propia es porque el dueño es legal y racional.

522. Los que pecan o delinquen es que son unos ilegales, porque los que no pecan es por legales.

523. Quien se inutiliza es difícil de reconstruir, pero quien no se inutiliza es fácil de construir, más si es grato, legal y racional.

Respeto/Irrespeto

524. El respeto tiene que hacerse, cumplirse o dejarse respetar, pero no se irrespeta porque tiene que hacerse, cumplirse o dejarse irrespetar.

525. Respetar es también disculpar, defender; si lo que se defiende se respeta es precedente, no ajeno, más si es correspondido.

526. El respeto tiene que cumplirse mutuamente, pero no debe cumplirse el irrespeto y menos dejarse irrespetar.

527. Cuando el respeto es personal o reflexivo tiene indicio de triunfo y éxito, pero cuando no es personal, tiene indicio de precavido.

528. El respeto de los comprensivos salva y liberta, pero lo que aparenta ser respeto de los incomprensivos no liberta ni salva.

529. Quien no esté esclavizado, atemorizado y no reciba un buen sueldo no puede ser ningún buen servidor o

trabajador respetado, pero quien no esté en esclavitud ni temor, si recibe un buen sueldo, puede ser servidor o trabajador público o privado respetado.

530. A las personas hay que respetarlas o considerarlas, más que todo las que son menores de edad.

531. Es importante respetar los derechos de los demás.

532. Las malas interpretaciones no respetan a nadie ni se detienen ante nadie.

533. Los que malinterpretan es porque son derrotados e irrespetan a la humildad.

534. La vida es y no es dolor; es dolor más que todo para los que no saben ni conocen de la vida, pero no es dolor para quienes sí conocen y saben de la vida, de las circunstancias y del respeto.

535. Los que se dejan respetar por las buenas son triunfadores, pero los que se dan a respetar por las malas no son triunfadores.

536. Con o sin pareja las personas tienen que respetar para que sean respetados.

537. Quien ofende es un traidor, pero quien respeta y defiende es un comprendido.

538. No solo se tiene que respetar y considerar a las mujeres, también se debe respetar y considerar a los hombres.

539. Los que piensan que el irrespeto es igual al respeto son unas analfabetas, sin embargo, quienes creen lo contrario no son analfabetas.

540. Quien cambia por sí mismo o por su propia voluntad lo malo por lo bueno es digno de respeto y solidaridad.

541. Lo que es de Dios se tiene que respetar y considerar.

Justicia/Injusticia

542. El injusto es un predispuesto, pero el justo sí que es un entendedor y no se equivoca.

543. La justicia que proviene del Dios bendito es eterna, pero las injusticias no son eternas, ya que no provienen de Dios.

544. La justicia es deber y cumplimiento, pero lo contrario no lo es.

545. Equivocaciones, errores o injusticias son indicios y caracteres de los ignorantes.

546. Quien no depende o quien no necesita de las personas es porque necesita, depende de Dios o de los que son de Dios, no tiene justificación.

547. Quien sí necesita de las personas no necesita de la fe ni de justificaciones, sino de legalidad si se encuentra en lo propio, no en lo ajeno, o en lo propio, en lo no ajeno.

548. Son traidores los que practican o predican las defensas o los beneficios sin tener razón o justificación, los que conocen los beneficios teniendo razón y justificación no son traidores, considerando de esta manera el triunfo de la libertad.

549. No solo es recomendable o justo promover el respeto o la comprensión, sino que es recomendable y justo destacar, conocer o entender la ignorancia.

550. Quien tolera o consiente al enemigo se perjudica él mismo y no a aquél, más si el que tolera es corrupto o traidor, pero quien tolera o consiente al amigo se beneficia él mismo y no a aquél, más si no es corrupto o traidor.

551. Ser justo es también no echar vaina, dejarse echar vaina, ser burlón ni dejarse burlar, más si se tiene justificación. Ser justo es también hacer lo que es verdadero, legal y honesto. Ser injusto es hacer lo contrario a la verdad, a lo legal.

552. Los hombres no solo tienen que cumplir o dar buenos consejos; si son hombres justos, también deben dar buenos consejos, más si son para mujeres justas escrupulosas.

553. No solo es necesario amonestar a menores de edad para que conozcan o entiendan el bien, sino también a los mayores de edad para que sean partícipes del bien. Todo aquel que forme parte de los pobres, de las bebidas, de los justos o comprensivos.

554. La justificación o la ilegalidad son destructoras, pero la justicia y las legalidades son constructoras y leales.

555. Practicar la maldad, el perjuicio, es injusto e ilegal, pero quien practica la bondad, el beneficio, es justo o legal.

556. Perjudicar, ofender o irrespetar está mal; aun cuando se hace con los enemigos para beneficiar, defender o respetar, es igual, siempre está mal. Todo cuanto se hace a los enemigos se le hace a los amigos.

557. Él tiene fe y esperanza porque él es creyente documentado en las malas y en las buenas, por la justicia en las malas y en las buenas.

558. Quien justifica o salva al liberto al menos es que es un liberto, si es así, entonces, es lo que le pertenece.

559. Ser justo, eficaz, es ser comprensivo, sobre todo, tener entendimiento del bien, explicar si se tiene legalidad, libertad, respeto o garantía.

560. Los que se acostumbran con el padre y la madre propenden a ser conscientes, no prejuiciosos y no

irresponsables; en cambio, los que no se acostumbran con el padre y la madre son inconscientes e irresponsables.

561. Todos o casi todos tienen libertad, pues en verdad la libertad proviene de la justicia entre los justos, todos aquellos libertos justos que son racionales o justificables.

562. Cuando se le da importancia o crédito a lo que se denuncia como delito o perjuicio vale la pena denunciarlo o demandarlo, más si se hace ante las autoridades competentes, responsables y cumplidoras. Así vale la pena denunciar o demandar, pero esto no es válido cuando las autoridades no son competentes ni responsables.

563. Los que han entendido son los que saben lo que deben hacer y decir, más que todo cuando lo que hacen o dicen, ya sea por defensa o justicia, liberta y salva, ya que los que no han entendido no sabrán qué decir ni qué hacer.

564. Quien es justo es muy difícil que sea traidor, infiel o desleal, más bien es hombre justo legal, íntegro y comprensivo.

565. Los que hacen sus actos por lo legal propenden a no delinquir, ya que provienen de la justicia. Pero los que realizan sus asuntos con ilegalidades suelen justificar y delinquir, porque lo ilegal se origina de la injusticia, de lo ilegítimo.

566. Se equivoca o se desanima aquel que se encuentra sin defensa, justificación ni alegato; el que sí la tiene es porque tiene razón y defensa.

567. Ser de la vida legal es ser de lo justificado, de lo libertado.

568. Quien no tiene identificación o justicia, al menos es un impostor, pero quien sí la tiene no es ningún impostor ni sospechoso.

569. Los perjuiciosos e ilegales no salvan, no libertan, no justifican ni respetan, pero los beneficiosos son leales, prácticos, salvan, justifican y respetan.

570. Las ideas o pensamientos de los injustos no deben ni pueden compararse con los pensamientos de los justos, porque los pensamientos de los injustos son lo contrario a la justicia y reivindicación; los pensamientos de los justos son legales, reivindicados, hacia la salvación y al respecto.

571. Los que no son corruptos es porque son racionales o justificables, ya que los corruptos son irracionales e injustificables.

572. Ustedes me gustan y me interesan, pero solo en sentido de amistad.

573. La cobardía es un perjuicio dañino con razón o sin ella, más que todo para el mismo justificado.

574. Los castigos se justifican más si son humanos, verdaderos, legales y conscientes.

575. Se tiene que hacer y decir lo bueno con legalidad y por legalidad, con comprensión, si no se hace así, todo sería incomprensivo, ofensor y prejuicioso.

576. Ser de Dios justificado o del libre albedrío origina derechos de pertenencia, pero no ser de Dios justificado no origina derechos de pertenencia.

577. Aquél que altera con la justicia o en lo que no le pertenece, al menos es un ignorante peligroso y ofensor, pero aquél que no se altera contra la justicia está en lo que sí le pertenece.

578. El que es indigno es porque se burla, es injusto o impostor, y todo lo que origina es desvirtud y deshonor, ya que quien es digno es porque no se burla ni es injusto ni falso.

579. ¡Defiéndelo! ¡Pues la justicia no ofende si no defiende! Toda la justicia proviene de Dios.

580. Consentir las decisiones ajenas o actos ajenos está bien, solo las que crean, producen y hacen decir lo bueno, lo legal, lo legítimo, más si son decisiones o actos de causas justas.

581. Hacer justicia no es traición, más si se hace justicia, derecho, cariño o libertad.

582. Cuando las fibras o las sustancias de las formas exteriores de los cuerpos no armonizan o se adoptan, significa que ese es un ser que tiene anomalías o perjuicios interiores, ya que cuando las fibras de las formas interiores de los cuerpos armonizan, significa que es una persona que tiene originalidades y beneficios.

583. Es injusto e innecesario pelear, más si se tiene razón, si se ve o no se identifica al enemigo.

584. Los que pertenecen a lo perjuicioso son personas obstinadas, que no descansan, pero si son personas de paz y de beneficios no pertenecen a lo equivocado y tienen donde descansar.

585. Yo no me puedo parcializar ni ponerme del lado de los necesitados, sino parcializarme por la justicia y ponerme del lado de ella.

586. Para triunfar se debe ser reflexivos, legales, sobre todo justos, pues el triunfo de los justos no tiene controversia, más cuando se gana, se vence y se hace por las buenas, por el respeto y la comprensión.

587. Decir o parecer hacer actos legales y del bien no es igual que hacer y decir actos de lo ilegal, pues estos proceden de lo que no está justificado y de lo ilegal. Los actos del bien provienen de lo establecido, justificado, respetado y de lo que se encuentra en lo legal.

588. Las ideas de los ilegales no se pueden comparar con el conocimiento, la conciencia y la justicia de un legal.

589. Los que son traidores, desleales e infieles con la justicia es porque están equivocados.

590. Lo importante no es ser fanfarrón; lo importante es ser racional, tener razón, argumentos, alegatos, eficacia y justicia.

591. Quien es justo es un sacrificado, virtuoso y sacrificado por sí mismo.

592. Los que son destruidores o prejuiciosos propenden a ser unos destruidos e inconscientes.

593. Los que predican sin justificarse es que son impropios e infiltrados, ya que los que predican con razón y justificación no son impropios ni sospechosos.

594. La idolatría es y no es perjuicio. Lo es cuando no se tiene razón, ya que la creencia y lo racional no son perjuicios, sino lo contrario, más que todo es beneficio cuando se tiene la razón, de lo legal y lo existente.

595. No solo es recomendable y justo promover el respeto y la compasión, sino también es recomendable y justo promover el saber, el conocer y el entender del amor.

596. Los que viven en el irrespeto propenden a ser ofensores, incomprensivos, castigan y perjudican, pero los que viven con respeto son comprensivos.

597. Los que no se oponen a los perjuicios son unos ofensores, ignorantes, ya que los que están en contra de los perjuicios son unos justos, legales y defensores de la justicia.

598. Quien sabe provocar y ofender pareciera triunfante, pero quien sabe hacer justicia y defender es quien realmente triunfa, más si lo que defiende es justo.

599. Quien es próspero o se capacita con título y honor es un civilizado, pero quien prospera sin título es difícil de entender sin justificación ni libertad.

600. Los que tienen responsabilidades de realistas no tienen por qué compartir ni mezclar estas responsabilidades o entendimientos con otros realistas, más si los que no son realistas son extranjeros, molestos o prejuiciosos.

601. La perfección o la imperfección proviene de lo justo, más si son justos conscientes, justos visibles o existentes.

602. Quien aplica la ilegalidad hace injusticia, aún más si perjudica a un menor de edad, pero quien aplica la legalidad hace justicia, más si beneficia y fortalece a un menor.

603. Quien distingue o visualiza es porque es consciente, más si es justo, pero quien no distingue ni visualiza es porque no es consciente ni entiende, más si es injusto y ofensor.

604. Los que se interesan por ser ascendidos es porque son legítimos y justos. Los que no se interesan por ser ascendidos son unos injustos.

605. Los desestabilizadores sienten que son justos y comprensivos, estos merecen ayuda.

606. Lo que es porquería es creado por la maldad y la injusticia. Lo que no es porquería es creado por lo justo.

607. Los que tienen vida y beneficios en lo justo es que son correctos, y los que no ven la vida ni beneficios son incorrectos.

608. Todo mal, maleficio o ilegalidad se origina de los que son injustos.

609. Los incomprensivos son traidores y perjuiciosos, más si no tienen razón alguna. Los que son comprensivos o beneficiosos no son traidores.

610. Los que practican ilegalidades y perjuicios es que no pertenecen a la vida, a lo legal ni menos a los eficaces, ya que los que son poseedores de vida son legales, defensores, cautos y beneficiosos.

611. Los actos de los legales son para justificar, libertar, salvar y legalizar, con o sin equivocaciones, pero la libertad de los ilegales es contraproducente, con o sin equivocaciones.

612. Donde existe ley, allí no existe injusticia, más si es civilización de justos racionales.

613. Los que se dejan robar sin defenderse o al menos pelear es porque son unos débiles, ya que el que pelea y se defiende es fuerte con justificación.

614. El bien y lo bueno son características de lo que predican los justos, ya que lo malo, el mal y lo peor son caracteres de los cobardes, masoquistas y traicioneros.

615. El que es traidor no encuentra justicia, pero el que no traiciona ni castiga encuentra justicia.

616. La tierra es de los que conquistan y cultivan en ella, pero no de los que invaden y perjudican, menos si no son nacidos en el lugar.

617. Existen los que tienen alerta de ofensores e injustos, más si no son de igual razón o causa, ya que los que tienen alerta de defensores y justos salvan y libertan más, si es por la misma causa.

618. Él tiene esa actitud de rebelde con causa, pero no es que sea valiente o justo, es desentendido.

619. Quien es obediente propende a ser legal o justo. El desobediente tiende a ser injusto y no complaciente.

620. Donde hay cualquier clase de injusticia no se puede hallar justificación ni aceptación.

621. Cuando los castigos no justifican, ni enseñan, ni educan, ni salvan, no son garantes ni esperanzadores como los correctivos que sí enseñan y libertan.

622. Los malinterpretados e ilegales temen a la justicia o a lo justo, pero los bieninterpretados y legales no tienen temor de lo justo.

623. Los que se resguardan en lo ilegal es porque son ilógicos y desleales; los que se resguardan en lo legal o en lo justo tienen lógica y legitimidad.

624. Para tener derecho absoluto se tiene que ser propietario y justo; es por eso que quien no tiene derecho absoluto no es propio ni justificable.

625. Los que de verdad se preocupan por tener y poseer son reflexivos y justificables.

626. El que paga legalmente se salva y es liberado, pero el que paga ilegalmente y sin justificación ni es salvado ni tiene libertad.

627. Si quien irrespeta y ofende no es castigado, se supone que en donde se encuentra no hay justicia ni legalidad,

pero si el ofensor es castigado, entonces, allí sí hay justicia y legalidad.

628. Los que creen que los argumentos tienen razón y justificación son existentes y triunfadores, ya que los que creen en los argumentos sin validez ni certificación no son existentes, ni menos triunfadores, sino que son unos incomprensivos y traidores.

629. Los que practican y predican lo adverso no proceden de Dios ni de lo legal, ya que los que sí practican y predican lo que es de Dios pertenecen a lo legal, a lo justo, a la comprensión y a lo garantizado.

630. Quien tiene un argumento de razón o de pertenencia se tiene como triunfador, pero quien no tiene un argumento justificado no es triunfador ni tiene pertenencia.

631. Él no usa las escrituras para delinquir, ni ofender, ni hacer injusticias, él usa las escrituras para defender y para hacer justicia.

632. Los que estudian y trabajan por lo que les pertenece tienen la verdad y son justos, pero los que estudian y trabajan por lo que no les pertenece no tiene razón ni legalidad.

633. Las órdenes que se cumplen justifican y salvan, pero las órdenes que no se hacen no justifican ni libertan.

634. Los que tienen negocios ilegales tienden a ser ilegales igual que ellos, pero los que mantienen negocios legales y justos no son hipócritas ni traidores.

635. Los que pelean por lo que les pertenece son justos, pero los que no pelean por los que les pertenece no merecen salvación porque son unos ignorantes.

636. Los que son buenos y justos pertenecen a Dios, ya que los que no son buenos ni justos no son de Dios, sino unos rebeldes sin causa.

637. Quienes hacen y deshacen donde no les pertenece tienen que ser cuidadosos, pues Dios y su justicia no pueden ser burlados ni derrotados.

638. El deseo no justifica ni salva, porque no es amor ni aprecio, ya que éstos no son ilegales si no se demuestran.

639. Los que son prejuiciosos en los actos, ya sea o no por ignorancia, son unos sospechosos.

640. Lo que es justificado es de lo legal y de lo lógico.

641. Donde los cumplimientos no son cabales, sospechosos sin identificación, es porque no pertenecen a lo legal ni a lo tangible; pertenecen a lo legal cuando los cumplimientos y argumentos tienen razón y justificación.

642. Los asuntos se entienden y no se entienden, pero los que sí se entienden son los que tienen justificación y

racionalización. Los que no se entienden son los que no tienen razón ni están justificados.

643. Lo que es malo es perverso, no es justificado ni se justifica, más si es ilegal; sin embargo, lo que es bueno sí se justifica y tiene justificación, más aún si es legal.

644. Los asuntos que se entienden o conocen son aquellos con justificación y razón. Los que no se conocen o son difíciles de entender son los que no tienen razón ni justificación.

645. Las obras justas y justificables salvan, pero los actos ilegales e injustos son contraproducentes.

646. Las malas intenciones subsisten de los perjuicios y ofensas, ya que los que tienen buenas intenciones viven en beneficio.

647. Quien se pone bruto o irreflexivo ante lo injustificable pierde, más si se enfrenta a la injusticia de los ilegales, pero quien no se pone irreflexivo ante esto triunfa.

648. Los que castigan o sancionan por capricho son unos ilegales e irrespetuosos, ya que los que sancionan con justificación no son ilegales, sino justos.

649. No solo los asuntos tolerantes y de respeto son lo que dan vida, ya que los asuntos intolerantes, de incomprensión, también, más si es de vida legal y justificada.

650. Los que fingen tener dolor son débiles e ignorantes. Los que no fingen dolencias no son prejuiciosos ni ingratos.

651. Las personas no solo se justifican únicamente por su ignorancia de menor de edad, sino también por su ignorancia de adultos.

652. Quien respeta tiene justificación, salvación y libertad, pero el que irrespeta tiene condenación.

653. Para ser dueño legal tiene que saber defender lo legal y saber justificar.

654. Los conscientes con memoria salvan y libertan, más si son esos que trabajan por la justicia de lo legal; sin embargo, los conscientes sin memoria no salvan ni libertan porque son de esos que trabajan o se sacrifican solo por sus propias justicias y su propia salvación.

655. Los falsos valores son peligrosos y prejuiciosos porque provienen de victimarios.

656. Los que matan y explotan son destrozados y equivocados que no tiene razón ni justificación.

657. Los que se avergüenzan con justificación son justos, hacen hechos de mérito, pero los que se avergüenzan sin razón son injustos porque hacen hechos que no tienen mérito.

658. La justicia merece virtud de honor y triunfo porque la justicia es construcción; sin embargo, la injusticia es todo lo adverso.

659. Denunciar o demandar es de cualquier ofendido, pero escuchar o cumplir es justo, un reivindicador legal.

660. Lo que es mutuo es justo y procedente de lo legal; sin embargo, lo que no es recíproco no es justo, no proviene de lo legal.

661. Quien tiene razón encuentra la justicia si la causa que predica es de legalidad.

662. Callar es de un justo racional, más si calla por lo ajeno, pero quien no calla, no otorga ni tolera, más si calla por justicia.

663. Quien no necesita de alguien que pertenezca al bien, menos puede necesitar de alguien que pertenezca a lo contrario; sin embargo, quien necesita de alguien del bien, ese tiene urgencia de lo justificado.

664. Los héroes son hombres justos y las mujeres justas.

665. Denunciar es de justificado.

666. Los asuntos no se hacen con miedo, sino con necesidad de justicia.

667. Los que se dejan dominar por la justicia son justos, pero los que se dejan dominar por los impostores son insatisfechos e injustos.

668. Los argumentos justificados y determinados son reflexivos, pero las razones que son injustificadas son irreflexivas.

669. Quien es sospechoso leal o desleal es un prejuicioso traidor.

670. Quien practique la justicia será un sospechoso, pero quien no practica ni recomienda la injusticia no será sospechoso.

671. Quien ofende o perjudica la honradez humana y ajena es porque no es justo ni legal, sino que tiene propiedad de no honrado o deshonrado.

672. Los que le dan importancia a la destrucción y a los perjuicios es porque son unos destruidos y perjudicados; sin embargo, los que no le dan importancia a los perjuicios y a la traición es porque son unos destructores incomprensivos.

673. Quien es tolerante y defiende a los enemigos no peligra ni se perjudica, pero quien ofende a los enemigos corre peligro más rápido.

674. Quien hace o dice las cuestiones con causa y justificación está alerta, pero quien dice o hace cosas sin justificación ni causa es por falta de precaución.

675. Quien perjudica sin razón ni justificación es un ignorante, pero quien hiere con motivo es un legal.

676. Los que tienen propiedad en sentido no interesado son unos justificados.

677. Quien no tiene existencia legal no es real ni justo.

678. Quien es singular es difícil de invadir si es precavido; sin embargo, quien no es singular e injustificado es fácil de expropiar por falta de precaución.

679. Quien dice los asuntos sin justificación propende a ser un impropio; sin embargo, quien dice los asuntos con razón es propio y legal.

680. Los equivocados representan la injusticia de lo ilegal e impropio. Los que no están equivocados provienen de lo justo, legal y lo propio.

681. Los que tienen facultad de democráticos y legalizados son justos, correctos y confiables; sin embargo, los que tienen facultad de ilegalizados es porque son injustos, no son dignos de confiar e irrespetuosos.

682. Quien es sensible o alegre es un justo, pero quien no es sensible ni alegre, ese es un injusto.

683. Quien juzga es un equivocado.

684. Los justos y los injustos no deberían estar en una misma pertenencia, porque los injustos nunca podrán armonizar con los justos.

685. Cuando un hombre hace llorar a una mujer no tiene justificación, pero cuando la hace reír, eso más que justificar es digno de admirar.

686. Para hacer justicia o hablar de ella es necesario tener legalidad, ya que para hacer injusticia no es necesario ser legal ni tener sensibilidad.

687. Quien tiene fe no es traidor, más si es por razones existentes, pues las opiniones justifican y salvan; pero quien no tiene fe propende a ser desleal, más si no posee razones propias.

688. Quien anda con el mal no tiene vida, ni propiedad, ni libertad; más si no es justo, ni un humano consciente.

689. Los seres que ofenden o perjudican sin razón es porque son inconscientes.

690. El malo con su presencia incomoda, más si es un impropio e injusto.

691. Quien es creador no se satisface con la destrucción, más si la destrucción es injusta; sin embargo, quien es creador propio de Dios se satisface con la construcción.

692. Quien busca lo que le corresponde es justo.

693. Los que se ocultan no buscan la ley ni la justicia del bienestar.

694. La mujer y el hombre justos que no están casados son perseguidos por los injustos que tampoco están casados.

695. La maldad no se podrá ocultar detrás de la bondad, porque la maldad proviene de los injustos, irreflexivos y de los que no son dignos de confiar.

696. Los injustos son como una cuerda, siempre al final se revientan.

697. La humanidad justa es aquella que ama, más aún si es propia, en las malas y en las buenas.

698. Los papeles de propiedad e identidad es necesario que se mantengan con validez, porque éstos resguardan e identifican lo justo y hacen constar que tienen propietario.

699. Defender no es más ni menos injusto; sin embargo, quien defiende tiene razón y pertenencia.

700. Al persistir con justificación se puede triunfar, pero al persistir e insistir sin razón ni justificación no se llegará al triunfo.

701. Quien no extralimita es justo y confiable, pero quien exagera no es digno de confiar.

702. Solo los justos pertenecen a Dios.

Comprensión/Incomprensión

703. La comprensión tiene sentido y justificación, sobre todo la comprensión cotidiana y sistemática.

704. La comprensión no solo salva y liberta a los respetuosos, sino que también salva a los irrespetuosos.

705. Quien rechaza la libertad de comprensión, lo legal de la comprensión y el respeto, al menos es porque es un liberticida, es un incomprendido o un incomprensivo; pero quien no rechaza la libertad de comprensión, lo legal de la comprensión y del respeto, por lo menos es porque es un libertador, un comprendido o un comprensivo.

706. No solo es importante respetar los derechos de los demás, sino también comprender o entender a los demás.

707. Quien tiene libertad comprende ese triunfo. Triunfa más el que es comprendido o correspondido, pero quien no tiene libertad o no comprende eso, no triunfa ni nació para triunfar, al menos si no es correspondido.

708. Los que tienen o mantienen relaciones, comunicación, sindéresis o legalidades con Dios o lo legitimo de la providencia, que saben tener o mantener relaciones, comunicación, sindéresis, legalidad o respeto con él, al menos es porque son comprensivos.

709. Solo con o por comprensión y fidelidad se estará mejor.

710. Aquellos que se juntan a los buenos, a lo legal, a lo respetuoso es que son comprensivos, conscientes, tolerantes, pacíficos; a diferencia de aquellos que se juntan con los malos, a lo ilegal, los irrespetuosos e incomprensivos.

711. Cuando el amor, el cariño y el aprecio no son correspondidos, son inoperantes o provenientes de invisibles e incomprensivos; pero cuando el amor y el cariño sí son correspondidos, comprendidos, eficaces y efectivos, provienen de un casi sensible o casi comprensivo.

712. Solo por el amor y cariño que siento por ustedes, acepté que se casase solo con el que fuera comprensivo y legal.

713. Los que saben comprender es porque son existentes, legales y visibles. Los que no saben ni comprenderse es porque son inexistentes e invisibles.

714. Amor significa perdón, comprensión, cariño y aprecio. Estas son legalidades virtuosas.

715. Los que encuentran lo legal tienden a ser comprensivos y solidarios; quienes no hallan lo legal son incomprensivos, malentendedores y nada solidarios.

716. Para practicar el bien es necesario e importante ser atento y comprensivo.

717. Ser y estar en lo legal es ir hacia adelante, hacia el respeto y hacia la comprensión, que es desigual a los que andan por lo ilegal: se encaminan hacia el irrespeto, discusión y hacia la incomprensión.

718. Quien está en la vida subsiste o pervive en el entender, ya que es de lo legal, del respeto o del comprender. Pero quien no se encuentra en la vida, o quien vive y no entiende es porque es de lo ilegal y del irrespeto.

719. Dar y recibir comprensión o estímulo es legal. Dar, recibir, solucionar es satisfacción.

720. Para apoderarse de las personas no es necesario ilegalizarlos ni traicionarlos; solo se necesita legalizarlos, comprenderlos, pero no perjudicarlos.

721. Si ustedes no tienen comprensión ni se reivindican para respetar y ser respetados, ¡menos yo!

722. Los complementos son tanto femeninos como masculinos, por eso hay que ser comprensivo para entender, solucionar y complacer.

723. Hay quienes predican lo ilegal y la incomprensión, y quienes predican o practican lo legal, la comprensión y el respeto.

724. Se tiene que hacer y decir siempre lo bueno, más si se hace y se dice con comprensión y respeto.

725. No solo existen mujeres que son sensibles, doloridas, delicadas, débiles, no traidoras, no desleales y todo lo que proviene de Dios o de lo legal, del respeto, de la comprensión; sino que también se hallan hombres sensibles, doloridos, débiles, conscientes y todo lo que procede de Dios, de lo legal y de lo bueno.

726. Para ser experto no es necesario ser incomprensivo; para ser experto se necesita comprensión, tolerancia e inteligencia.

727. Los que son comprensivos son alentados o tienden a ser alentadores, pero los que con incomprensivos no saben alentar, solo son desalentados.

728. Quien rechaza la libertad, la compresión y el respeto es un libertino e incomprensivo; pero quien liberta, comprende y respeta es un libertador y comprensivo.

729. La tolerancia es también comprensión.

730. Se tiene que tener comprensión para entender todos los actos, porque todo ya está hecho, todo ya está creado.

731. Lo importante no solo es entender mal, ya que lo que importa es que entiendan bien y sea bien explicado, con la legalidad y la comprensión que amerita.

732. Todo se debe hacer con comprensión, no con deslealtad, enemistad, irrespeto ni ofensa; quienes no lo hacen de esta manera son ilegítimos.

733. Aquél que esté con libertad de pecado que lance la primera piedra, pero quien no esté libre no desacredite ni sea incomprensivo.

734. No todos los derechos son legales, sino que son comprensivos, ya que no todos los izquierdistas son ilegales, sino incomprensivos e ignorantes.

735. Los que tienen presagio son cabales, más si no se equivocan. Los que no tienen presentimientos ni presagios son inmorales e inexistentes, más si se equivocan.

736. Los que son comprensivos saben apreciar, pero los incomprensivos no saben lo que es amor y menos el aprecio.

737. Los que subsisten con acuerdo es porque tienen comprensión o entendimiento, pero los que viven sin acuerdo es porque no tienen comprensión, armonía ni conocimiento.

738. Los que buscan lo legal es que son unos comprensivos, pero los que buscan lo adverso son desconocidos sin entendimiento.

739. Los que se dejan dominar por los complejos y la incomprensión son hipócritas, pero los que no se dejan dominar por los complejos ni menos por la incomprensión no son hipócritas.

740. A los enemigos se les tiene que tratar con indolencia o intolerancia, porque son unos destructores; pero a los amigos se les tienen que tratar con confianza, comprensión, ya que los amigos son constructores.

741. Los que tienen inseguridad o incomprensión propenden a ser unos antisistemáticos u ofensores. Los que tienen lo contrario propenden a ser unos sistemáticos y respetuosos.

742. Los que son inteligentes siempre o casi siempre evitan las peleas, ya que la violencia es el argumento de los que no tienen razón ni comprensión.

743. Los que no practican ni predican las garantías son unos completos incomprendidos. Los que sí predican las garantías por lo menos es que son unos comprensivos.

744. Los que practican las ilegalidades y la incomprensión propenden a ser incomprensivos y difíciles de

comprender. Los que practican la legalidad propenden a ser comprendidos y tolerantes.

745. Quien es pacífico propende a ser cobarde, pero quien no es pacífico no es cobarde ni compresivo.

746. Quien tolera, calla o consciente, al menos es porque es un comprensivo con fe y esperanza.

747. Quien es incomprensivo es un corrupto, pero quien es comprensivo no es corrupto, más bien es un correspondido.

748. Los que cumplen con lo legal son comprensivos y legales, pero los que no cumplen con lo legal son incomprensivos sospechosos.

749. Siempre los que dudan es porque no tienen entendimiento ni comprensión, pero los que nunca dudan son los que tienen entendimiento y comprensión.

750. Quien tiene entendimiento puede hallar solución si tiene comprensión, pero quien no encuentra la solución es por falta de conocimiento.

751. Lo que es pasivo es porque es originario de lo propio; sin embargo, lo incomprensivo es proveniente de lo impropio.

752. ¡Donde hay libertad, hay comprensión!

753. La vida no se enfrenta con culpabilidad, sino con comprensión, esperanza y porvenir.

Libertad/Liberto/Libertino

754. Los libertadores tienen y no tienen libertad ni libre albedrío o arbitrio.

755. Libertad de los incómodos que son ignorantes, juguetones o burlones, y libertad de los incómodos que no son juguetones, ni burlones, ni obtusos.

756. Los más pensadores no se legalizan, ya que los libertadores no tienen libertad, albedrío o arbitrio.

757. Los que tienen, atienden, sustentan o que saben mantener por lo menos son legales, esforzados, cumplidores y libertados; ya que los que no mantienen, sustentan, ni saben tener siempre serán ilegales, incumplidores que nunca tendrán.

758. Él no solo es un libertado, sino que también es un salvado.

759. Eso de hacer que se equivoquen o dificultar el entendimiento procede de los traidores y de los opresores, más los que ayudan y no se equivocan provienen de los libertados y no son traidores.

760. El tren de los libertados indolentes y de los libertados no indolentes, pero no de los no libertados.

761. El tren de los libertados, astutos o sospechosos y el de los no astutos, no sospechosos.

762. Los respetuosos que tienen valor, salvación y libertad son importantes porque son racionales y emprendedores.

763. Quien tiene libertad o movimiento singular tiende a confiarse o perfeccionarse, más si es libertad del bien y lo legal; pero quien tiene libre albedrío y movimientos que no son singulares en lo ilegal y en lo que no es visible propende a no confiar y menos a ser perfeccionado.

764. Hay quien encuentra salvación en la libertad y en lo propio, pero algunos no hallan salvación ni libertad, son éstos los que no consiguen libertar a otros.

765. El que tiene opinión propia, ése es un librepensador o propende a serlo.

766. El que tiene opinión no propia, ése no es ningún libre pensador, pero si es una persona racional propende a ser un librepensador.

767. Triunfa el que liberta si es correspondido, pero quien no liberta ni comprende no triunfa y menos será correspondido.

768. Los cautos que tienen libertad es que son vigilantes, pero los que son incautos son irresponsables y despreocupados.

769. Ni el bochinche, ni el relajo salvan ni dan libertad, lo que salva y da libertad es lo que no anda con relajo.

770. Aquél que salva o liberta con razón es porque es un racional, pero aquél que salva o liberta sin propiedad es un irracional, libertino y sospechoso.

771. Los opresores y libertinos propenden a ser corruptos y viciosos, pero los oprimidos son incorruptos.

772. Los que defienden con motivo se libertan o se salvan ellos mismos, pero los que respetan sin motivo o sin razón se salvan y se libertan aún más rápido.

773. Cuando el libertado anda en compañía de lo ilegal propende a perder, más si es un inconsciente; pero cuando el libertado anda en compañía de lo legal no propende a perder, más si es un consciente.

774. Los que tienen buena suerte dependen de lo legal, es porque libertan a otros.

775. Descubrimiento de los que salvan y de los que no salvan, ni libertan.

776. Los que tienen libre albedrío es porque son sospechosos, pero los que son legales y confiables son aceptados y dignos de confianza.

777. Contradicciones que salvan y contradicciones que no salvan ni libertan.

778. Los que confían en los masoquistas es porque son impropios e incautos, sobre todo deshonestos y sin libertad.

779. Quien es culpable es un condenado, más aún si no está legalizado visiblemente, porque quien no tiene culpa es un libertado y mucho más si está legalizado.

Amor/Querer/Apreciar

780. El amor, cariño y aprecio son salud y fe para los legales, respetuosos y racionales; ya que no es salud ni fe si es para los ilegales, irrespetuosos e irracionales.

781. Para amarse, quererse o apreciarse no es necesario el desamor, el descariño, ni el desprecio. Por lo menos la falta de amor, de cariño y de aprecio es ilegal, de irreflexivos o rebeldes sin causa, sin razón y sin motivos contradictorios, y no se establecen ni se aceptan.

782. Eso de amar, querer o apreciar es y no es como todo, es decir, que es y no es obligatorio, deber o peligro. Pero cuando el amor, el querer o el aprecio son deberes, invocan a buscar lo legal, lo formal, los acuerdos, las armonías, la construcción o la comprensión.

783. No hacen falta pleitos ni discusiones para hallar la comprensión, sino que hace falta lo visible, el amor, el cariño, el aprecio y la lealtad.

784. Para ser feliz, solo se necesita amar y amarse, querer y quererse, apreciar y apreciarse; no es necesario el desamor ni el desprecio, porque esto proviene de lo ilegal y de lo que no es verdadero.

785. Las personas no solo tienen que ocuparse y preocuparse por las cuestiones de amor y cariño, sino también por las cuestiones de desamor y desprecios.

786. Demostrar amor, cariño y aprecio es legal y justo, pero demostrar lo contrario es ilegal y no es admirable.

787. Los que se enamoran por convencionalismo es porque son unos sospechosos e hipócritas, pero los que se enamoran fuera del convencionalismo no son sospechosos ni hipócritas.

788. Los que mueren por desamor es porque son unos marginados sin justificación. Los que viven de amor y cariño no son marginados, sino legales con justificación y lógica.

789. Las personas tienen que respetar, no ofender, defenderse y cuidarse, sobre todo a las personas que quieren y aprecian.

790. Los que usan las cuestiones de religión por amor o cariño es perdonable si son predicadores legales; pero los que usan las cuestiones de religión por desamor no son perdonados, más si son predicadores ilegales.

791. Los que confunden o mezclan el amor con el cariño se equivocan; sin embargo, los que no confunden el amor con el cariño no están equivocados.

792. Quien vive del amor que proviene del pecado propende a perder o peligrar; sin embargo, los que subsisten del amor que viene de la salvación no pierden ni peligran.

793. Marginados son los que mueren por desamor, porque los que viven de amor nunca han sido marginados.

794. Quien quiere, ama y recuerda a sus padres nunca es huérfano, aunque estén sin vida.

795. Los que se aman con el pensamiento son unos incautos; sin embargo, los que no se aman con el pensamiento no son incautos ni tímidos.

Luis Méndez / Diverso

796. Quien se deja invadir o expropiar es porque es cobarde o tímido, pero quien no se deja invadir ni expropiar es porque no es cobarde.

797. No se debe y no se puede culpar a los inocentes si son menores de edad.

798. Los que llevan un buen ritmo de sus pertenencias, por lo menos es que son unos ingratos o egoístas, pero los que llevan a mal ritmo sus pertenencias, al menos o por lo menos, es que son aún más ingratos o egoístas.

799. Los que tienen actos de sacrificios de morir o hacer morir al menos son unos infiltrados.

800. Yo creo que no es necesario que te hable de lo hermosa o bella que eres, ya que tú lo eres.

801. La violencia oscurece, pero la paz ilumina.

802. Las conversaciones entre hombres y mujeres son importantes y necesarias, suelen ser de cumplimientos, acuerdos o amistad.

803. A quien le hace falta algo es porque no trabaja ni produce, que ni tiene ni tendrá para sí, mientras está vigilado. Pero a quien no le hace falta nada es porque sí trabaja y produce, sostiene y obtendrá, no estará vigilado.

804. No es igual lo que sucedió ayer que lo que está por suceder hoy.

805. El que tiene pertenencia o propiedad propende a ser creyente, pues quien es creyente propende también a ser

de la vida; pero el que no tiene pertenencia, entonces, no propende a ser creyente de la vida.

806. Los incumplidores no meditan porque son irreflexivos y precipitados.

807. Quien está aterrorizado o esclavizado no puede ser ningún servidor público, pero quien no lo está si puede ser servidor o trabajador público.

808. Ingenuas o espontáneas no solo son aquellas que son felices o cómodas, sino que también son aquellas que son difíciles e incómodas.

809. Aquellos que andan con lo bueno o por el bien es porque están agradecidos o satisfechos; pero aquellos que andan en el mal o con lo malo es porque no tienen ninguna gratitud, ni están satisfechos.

810. Los que van hacia adelante sin coger impulso es porque son unos irreflexivos. Los que van hacia adelante y cogen impulso son unos reflexivos y no pierden ni hacen perder.

811. A la hora de la verdad los inexpertos son destruidos por todos aquellos que son expertos en traición.

812. Cuando las autoridades son competentes, consecuentes, responsables, cumplidoras y solucionadoras son dignas de confianza.

813. Cuando las autoridades no son competentes, consecuentes ni responsables no son dignas de confianza.

814. La belleza visible no hace falta, hace falta la belleza invisible, mas esta es tangible.

815. Cuando los enemigos atacan no visiblemente, es difícil hacerles frente o dominarlos, pero cuando los enemigos atacan a lo visible es fácil dominarlos.

816. Débil o vulnerable ante los tiempos de lluvia.

817. Los que dejen que los demás acaben lo que están haciendo es porque no son unos opositores; quienes no dejan que otro terminen lo que hacen es que son unos opositores.

818. Quien puede exigir, decir y elegir es quien cumple en su pertenencia; no puede exigir el que no cumple.

819. Quien trabaja y fabrica ese es un trabajador y triunfador, más si lo que produce lo vende a buen precio; pero quien no trabaja ni fabrica no triunfa.

820. La mayoría es desconfiada porque son unos irreflexivos. La minoría es confiada, reflexiva y aceptable.

821. Los que no entienden con señas y gestos es que son mudos vencidos, ya que los que sí entienden con razones

y argumentos es porque no son mudos, ni menos están vencidos.

822. Quien se equivoca desanima o pierde sin tener defensa, razón o alegato; pero quien no se equivoca no se pierde si sostiene defensa y razón.

823. Los que creen condicionalmente no corren peligro, más si están en donde pertenecen. Los que creen incondicionalmente sí peligran, más si no están en sus realidades.

824. Tratar con un desconocido es correr peligro, pero tratar con alguien conocido no es peligrar ni arriesgarse.

825. Reflexión e irreflexión de opresores, y reflexión e irreflexión de oprimidos o traicionados.

826. Quien es desconocido no solo propende a ser sospechoso, sino que también es intruso, ya que quien no es conocido suele ser de la misma equivocación.

827. Quien predica o preconiza la intuición o la necesidad al menos es parcial, no falso.

828. Hablar u opinar de pecadores, burlones, negligentes es lo mismo.

829. Ser leal es ser casi perfecto y verdadero, pero quien no es leal es un ser imperfecto y mentiroso.

830. Los que tienen su propia opinión al menos son unos propietarios, pero los que no tienen opinión propia no son ni serán propietarios.

831. Quien no enfrenta a un enemigo menos enfrentará a dos, menos si es cobarde.

832. Quien sí enfrenta al enemigo y a dos es valiente con razón. ¡Ayúdalos, Dios mío, ayúdalos!

833. Lo que se usa o se utiliza para ofender o perjudicar es el arma de un ignorante, pero si el arma no se utiliza para un acto de malicia, sino para defender, no es traicionero ni ignorante.

834. Los que son errantes por voluntad propia es porque están perdidos y hacen perder.

835. Quien es porfiado es un equivocado, ignorante y sospechoso.

836. No siempre la fuerza bruta es indispensable, a veces hace falta esfuerzo, pero no del bruto.

837. Los que le dan importancia y mérito al valor ajeno es que son responsables, propietarios y conscientes; pero los que no dan importancia, valor, ni mérito a lo ajeno es que son unos ignorantes, analfabetas y atemorizados.

838. Un ignorante o desavisado es o propende a ser víctima incauta, pero quien no ignora ni es desavisado no será ni propenderá a ser víctima.

839. Lo que es ajeno o no está hecho con suspicacia suele ser sospechoso, pero lo que no es suspicaz, ajeno o infiltrado no es sospechoso.

840. Tener conocimiento o sabiduría de estudios y enseñanzas es fundamental e interesante, pero tener desconocimiento o ignorancia de estudios y de la vida no es fundamental, no interesa.

841. Quien no se defiende es difícil que venga alguien a defenderlo.

842. Sin los profesores o los expertos es difícil explicar o entender bien; entonces, para los alumnos o los inexpertos, es difícil explicar y que entiendan bien.

843. No es igual existir, ser visible, realizarse y tranquilizarse o ser identificado, reconocido, que no existir, ser invisible, no ser identificado. Es cuando no se es leal.

844. Los que no tienen miedo de acostarse en la misma cama es porque son amigos, ya que los que sienten timidez es porque son desconocidos o unos enamorados.

845. Los que practican actos de sacrificios al menos es que son unos infiltrados.

846. Los que perdonan tendrán más, porque son racionales y civilizados, pero los que no perdonan ni disculpan es que son irracionales.

847. Escuela para analfabetos, sordos e incautos, y para analfabetos, sordos no incautos ni sospechosos.

848. Hay los que se aceptan y se rechazan, pero hay los que no se aceptan ni se rechazan, es porque la deben.

849. Quien hace el bien sin ver a quién beneficia, ese realmente ayuda.

850. Los que cambian sus actos al menos es que son conscientes, más si tienen dinero, ya que los que no cambian sus acciones son unos inconscientes sin dinero.

851. Cuando el sistema está confundido es recomendable ser paciente o estar alerta de la dificultad.

852. Quien mantiene a cuervos, estos le sacaran los ojos, excepto a quien no los mantiene.

853. Los que son equivocados es porque no son razonables ante nadie.

854. Cuando los asuntos son de importancia, de enseñanza o para entender es difícil que provengan del enemigo.

855. Las decisiones de los infiltrados no se pueden valorar ni realizar, porque son actos impropios, y los infiltrados no tienen representación ni razón.

856. Hay los que no saben lo que hacen y dicen, son victimarios e incautos; pero los que sí saben lo que hacen y dicen no son victimarios sino cautos e íntegros.

857. Los que ven en los demás culpas y acusan al débil o al inocente es porque ese que acusa es culpable, impropio y desconocido.

858. Los que son enfermos sexuales o mentales son peligrosos, no estables. Los que no son enfermos sexuales ni mentales no son de peligro.

859. Evitar huir a la guerra es también cobardía, más si se le huye a discusiones de los intrusos.

860. Los que se aceptan no son sospechosos.

861. La tierra es del que la cuida y la defiende, más si es nacido del lugar o pertenece a él.

862. El ser que tiene razón puede vencer y triunfar.

863. Quien defiende lo que le pertenece y no se pone nervioso triunfa, pero quien no sabe defender y se pone nervioso no triunfará.

864. Los que impacientemente esperan hechos son unos irreflexivos. Los que esperan pacientemente los hechos son reflexivos.

865. Los que obtienen vivienda de rebeldes es porque son desconfiados y suspicaces. Los que obtienen vivienda sin personas rebeldes son confiados y originales.

866. Quien anda con traidores y desleales es un masoquista y propende a ser sinvergüenza, pero quien no traiciona y es leal propende a ser íntegro.

867. Los que están en la buena compañía es que andan con verdaderos amigos. Los que están en mala compañía es porque no andan con amigos leales.

868. Hay que apartarse de la desconfianza de los desconfiados, pero también de la desconfianza de los confiados.

869. Los que no se aceptan al menos es porque son sospechosos. Los que sí se aceptan no son sospechosos porque tienen razón y argumento.

870. Los que molestan es por falta de principios y conocimientos.

871. Los que tienen pensamientos indeterminados son irreflexivos, pero los que sí tienen pensamientos determinados son reflexivos.

872. Los que tienen los pies sobre la tierra son existentes y verdaderos, pero los que no tienen los pies sobre la tierra no son verdaderos, singulares ni visibles.

873. Los que defienden por lo menos tienen virtud, pero quienes ofenden es porque no tienen virtud, sino ignorancia y falta de conocimiento.

874. Los que son arrestados es dudoso que sean leales y tengan vergüenza, ya que los que no son arrestados son humanos, legales y tienen vergüenza.

875. Los que saben buscar es difícil que pierdan, más si lo que se busca es propio; pero a los que no saben buscar les es fácil perder, más si lo que pierden es impropio.

876. El ofensor destruye y se destruye, ya que lo que ofende es irreflexivo o precipitado, en cambio el defensor construye lo que es reflexivo y no precipitado.

877. Quien ama no maltrata, trata bien y es motivo de confianza.

878. Para ser propietario no solo se tiene que decir, sino que se debe demostrar, más si la propiedad perteneciente no tiene dueño.

879. Los que no le dan importancia a quien se lo merece es porque son unos analfabetos, ya que los que sí dan

importancia a quien lo merece son originales, aceptados y valorados.

880. Quien mantiene y conserva a sus amigos propende a ser feliz, pero quien no conserva ni mantiene a sus amigos es un infeliz.

881. La desconfianza proviene de la falta de conocimiento, ya que la confianza viene del conocer y la identificación.

882. Quien no es precavido tiene que serlo aún más cuando tiene ocupaciones.

883. Los que no necesitan explicación para conocer son inteligentes. Los que sí necesitan explicación es que son unos desentendidos.

884. Los que tienen sueños originan ignorancia, pero los que tienen realidad originan satisfacción.

885. Los que usan la tolerancia es porque están seguros de que sus actos son instructivos y son expertos; sin embargo, los que predican la tolerancia de los que no están confiados de sus actos son inexpertos.

886. Quien se defiende no es porque es hipócrita ni cobarde; sin embargo, quien no se defiende es un cobarde.

887. Lo peor no es encontrar al enemigo, sino descuidarse de él.

888. Los que traicionan al padre más rápido traicionan al que no lo es.

889. Los que saben perseverar o cuidar lo que les pertenece son unos reflexivos; ya que los que no cuidan lo que les pertenece tienden a ser irreflexivos, precipitados e impropios.

890. Los que no tienen armonía es porque son del mismo sistema malintencionado. Los que sí tienen armonía son del mismo sistema, es decir, tienen buenas intenciones.

891. Para tener, lo primero que se debe hacer es tener el deseo y las ganas de poseer.

892. Cuando la persona es traicionada con mala situación es difícil que sea animada, aún más si no es amable; pero cuando la persona es traicionada con buena situación es mucho más fácil reanimarla, más si es amable.

893. Quien perdona, lo más lógico, también será disculpado; pero quien no perdona ni disculpa, lo más lógico, no será perdonado.

894. Los poderes y las fuerzas tienen razón, más si son poderes o fuerzas eficaces de creatividad o construcción; pero la inutilidad, la debilidad y la ineficiencia condenan y destruyen.

895. Las personas no solo han de preocuparse en ser solidarios, sino también en ser conscientes y memorados.

896. Los que duermen y mueren eternamente son un misterio o una incógnita.

897. Quien no triunfa en su tierra menos vencerá en terreno extranjero, ya que es difícil dominar lo ajeno.

898. El pensamiento es una noción de la realidad porque proviene de Dios.

899. Quien es nada es un vacío, ya que quien es todo no lo es.

900. A quienes no se les atiende y a quienes no se les escucha, no se les solucionan sus auxilios; sin embargo, a quienes sí se les atiende y sí se les escucha, sus socorros o necesidades serán solucionados.

901. Quien es ignorante o desconocedor propende a ser masoquista, pero quien no es ignorante, sino que conoce, ese no es masoquista ni retrasado.

902. Quien no pudo evitar admirar a una persona en fotografía, menos podrá impedir mirarla en la realidad.

903. Hay quien da indicio de desconfianza porque es un sospechoso.

904. Los asuntos verdaderos no solo son de los que sienten, sino de los que se identifican con razón, ya que los asuntos que no son verdaderos no se sienten.

905. Quien se invade o quien se obstruye fallece o pierde, pero quien no se invade no fallece ni pierde.

906. Los impostores no son solo los que abusan directamente, sino también los que abusan indirectamente.

907. Los que se encubren o se disfrazan por su propia voluntad para delinquir y ofender es porque son unos culpables ignorantes.

908. Las organizaciones familiares se diferencian de las mafias en que la familia propende a proteger o a ser protegidos; sin embargo, la mafia propende a desproteger y a traicionar.

909. Los que son dependientes es porque son unos ofensores sin razón, y los que son independientes son defensores con racionalidad.

910. La guerra y los conflictos son un desastre porque la paz es construcción, pero los que buscan la guerra son unos destruidos encubiertos. Los que persiguen la paz, por lo menos, son unos construidos.

911. El triunfo está en el sentir y presentir, en el hacer y en el querer.

912. Los que tienen confianza de lo que identifican es porque no son contraproducentes; sin embargo, los que tienen desconfianza de lo que identifican es porque sí son contraproducentes.

913. Para pelear hay que ser ofensor; sin embargo, es preferible ser defensor, porque el defensor salva.

914. Los que prefieren el mal es porque son unos traidores; sin embargo, los que prefieren lo bueno o lo que proviene del bien no son traidores, sino traicionados.

915. La mayoría de las veces que los inconscientes contradicen es porque son informales, y muchas veces los conscientes no son contradictorios, sino formales y pacientes.

916. Los que son perfectos en el sentido artificial son peligrosos; sin embargo, los que son perfectos en el sentido natural son defensores.

917. Quien está equivocado es un ofensor y peligroso; sin embargo, quien no está equivocado no es peligroso ni ofensor.

918. Los que viven con acuerdos es porque tienen armonía; sin embargo, los que subsisten sin concordancia es porque no tienen armonía ni entendimiento.

919. Si los propietarios no tienen poder ni fuerza para defender lo que les pertenece, menos van a tener fuerza para defender lo que no es de su propiedad.

920. Los que confían en los demás es porque son esperanzados; sin embargo, los que no confían en los demás es porque están equivocados.

921. Los traidores y traicionados no pueden estar en la misma pertenencia.

922. Los asuntos violentos se entienden y no se entienden, sobre todo aquellos que no tienen una buena explicación.

923. Tener buena suerte es ser digno.

924. Ser imperfecto es ser infiltrado, pero si es perfecto no será infiltrado.

925. Los que saben dar y recibir son racionales, pero los que no saben dar ni recibir son todo lo contrario.

926. Los que manipulan a los mayores de edad manipularán más rápido a los menores de edad.

927. Los que son rebeldes con causa es porque son racionales, porque los rebeldes sin causa al menos es que son irracionales.

928. Lo que se hace con responsabilidad es triunfante, pero lo que se hace o se obtiene con irresponsabilidad no es triunfante.

929. Todo lo que se piense puede hacerse, solo si quien piensa, no tiene miedo.

930. Tener razón es ser útil, pero tener fuerza es ser mucho más útil y brinda seguridad.

931. Los que son falsos son peligrosos, porque los que no son falsos ni ingratos no son peligrosos y tienen razón.

932. Lo que es propio es grato, agradable y confiable, pero lo que no es propio es desagradable y no confiable.

933. Seres que tienen amistad con impropios, y seres que tienen amistad con quienes tienen propiedad.

934. Quien entiende tiene sabiduría; sin embargo, quien no conoce es un equivocado, aún más si es contradictorio.

935. Los que tienen condiciones de responsables no deben mezclarse con los que son culpables e irresponsables.

936. Quien es tolerante tiende a perdonar; sin embargo, quien no es tolerante propende a vivir con rencor.

937. Aquel que se da a respetar y legalizar es existente, visible, tangible y real.

938. Quien en su casa no habla ni opina no tiene derecho a hacerlo en ninguna otra casa, porque en su casa es donde está su derecho.

939. Los que saben entender no necesitan de un televisor o películas para conocer de arte, sino que saben cómo hacer para que otros entiendan de arte.

940. Quien confía en lo impropio peligra, pero quien no desconfía de lo propio no corre peligro.

941. Los que hacen y conversan es porque son revolucionarios; sin embargo, los que hacen lo contrario no son ningunos revolucionarios.

942. La mayoría de los afectos de quienes mantienen una relación son verdaderos y leales.

943. El destino vencerá lo que proviene de la traición.

944. La fe alivia y es esperanza, más si se tiene porvenir.

945. Donde no hay pecado, no hay pecador.

946. Quien nada tiene que perder convive sin temor.

947. Quien es campeón se lo lleva todo, más si es legal y justo.

948. ¡Que el buen destino te acompañe y encuentres la felicidad que yo no te pude dar!

949. Entre los traidores solo tienen que ser perdonados los que de verdad están arrepentidos.

950. Con fe o sin fe, se corre peligro.

951. Los escritos son y no son de literatura, pero los que sí son de literatura tienen validez, si no son copias o plagios.

952. Hay personas que no necesitan mucho para ser justas, pero los que son calculadores necesitan demasiado para ser justos.

953. Los que aceptan al ofensor pierden y hacen perder; sin embargo, los que aceptan al defensor brindan beneficios.

954. Aquellos que tienen malos conceptos tienden a ser colocados en caminos donde no podrán triunfar.

955. Quien es ignorante propende a ser inconforme, pero quien no es ignorante es conforme y sociable.

956. Los derechos humanos o pertenencias humanas son privilegios.

957. Quienes olvidan los celos y las vergüenzas es porque son unos comprensivos. Los que no tienen fuerza para olvidar es porque son unos incomprensivos e injustos.

958. Los argumentos no solo se originan del pasado, sino que también son originarios del presente.

959. Quien no encuentra alegría en Dios no tiene sanidad ni paz.

960. ¡Piensa en el buen destino y en la buena suerte!

961. La paga del pecado es la muerte.